와인, 어떻게 즐길까

차례
Contents

03 와인은 신이 인간에게 준 최고의 선물 06 와인 마시는 법은 없다 12 와인의 종류 16 와인 라벨 읽기, 아는 만큼 보인다 20 와인을 만드는 포도 28 와인 만들기 34 세계 여러 나라의 와인 72 와인 상식 92 글을 마치며

와인은 신이 인간에게 준 최고의 선물

　고대 인류에게 와인만큼 신비스럽고 영험 있는 음료는 없었다. 우선 와인은 성경과 디오니소스 신화에서 등장하기 때문에 그 기원부터 성스럽게 생각되었고, 알코올 음료로서 그 매력은 당시 사람들에게 큰 즐거움을 안겨주는 좋은 선물이었기 때문이다. 와인은 사람들의 무료함과 괴로움을 없애주고, 생활의 즐거움을 불어 넣어주는 활력소로 작용하였으며, 그 당시 대중음료이던 맥주에 비하여 고농도의 알코올을 가지고 있어서 그 효과는 더했을 것이다. 또 아름다운 색깔과 어우러진 향과 맛을 지닌 예술품으로서 미적 가치와 함께 격조 높은 술로서 사랑을 받아 왔으며, 오랜 세월 동안 교회에서는 성스러운 의식을 위하여, 그리고 흥취를 일으키는 축제에서는 일반 대중의 동반자로서 희로애락을 같이 해온 뿌리 깊은 술이 바로 와인이다. 그래서 일찍이 플라톤은 "신이 인간에게 내려준 선물 중 와인만큼 위대한 가치를 지닌 것은 없다"고 했으며 그를 비롯한 수많은 철학자, 시인, 음악가들이 와인을 이야기하고 노래하게 된 것이다.

생명의 술

또 와인은 살아있는 생명의 술이기 때문에 더욱 신비스럽게 생각되었다. 처음 담글 때는 야성적인 맛을 풍기지만 시간이 지날수록 맛이 성숙해지는 매력을 지니고 있기 때문이다. 다른 술들도 그 역사나 전통에 있어서는 와인에 버금가는 것이 많지만, 불행하게도 살아있는 술로서의 매력은 없기 때문에 생명의 술이 되지는 못했다. 이렇게 와인은 아름다움과 더불어 생명을 지닌 매력 있는 음료로서 오랜 역사와 함께 지내온 뿌리 깊은 술이기 때문에 와인을 마신다는 것은 그 오랜 역사와 문화를 접촉한다는 뜻도 된다. 그러니까 와인은 역사와 같이 태어나고 문화와 함께 발전해온 깊은 생명력을 가진 술이라고 할 수 있다.

건강의 술

와인이 건강에 좋다는 사실은 이제는 과학적으로 확실히

밝혀진 이론이다. 서양에서 와인을 질병 치료에 이용하기 시작한 것은 고대 이집트나 바빌로니아 시대부터이며, 이후 의학의 아버지라는 히포크라테스는 "적당량의 와인은 질병을 치료할 수 있다"고 했고, 그 후 수많은 사람들이 와인을 건강 음료로 생각하였으며, 환자 치료에 이용하기도 했다. 최근 와인의 건강에 대한 효과가 하나둘씩 밝혀지면서, 와인을 마시면 장수하며 특히 심장병에 좋다는 결과도 나오게 되었다. 그동안 수많은 사람들이 독한 술을 마심에 따라 '술이 건강을 해친다'는 인식이 지배적이었지만, 와인이 우리의 건강을 위한 술이 될 수 있다는 점에 대해서는 아무도 부정하지 않는다.

절제의 술

우리나라에서 와인의 가장 큰 효용성은 '절제의 술'이라는 미덕일 것이다. 와인은 서서히 흡수되기 때문에 우리의 육체적 정신적인 건강에 급격한 영향을 주지 않을 뿐 아니라, 그 구성과 마시는 방법 때문에도 절제가 될 수밖에 없다. 와인은 일반적으로 품위 있는 사교적 모임이나 가족끼리 단란한 식사 시간에 한두 잔 정도 여유 있게 즐길 수 있는 유일한 술이기 때문에 소주나 위스키 같은 독주보다는 폭음의 기회가 적을 수밖에 없다. 우리의 음주문화가 건전하게 자리를 잡으려면 식사 때 와인을 즐기는 사람이 많아져야 한다.

와인 마시는 법은 없다

한손에 잡히지 않는 와인

　전망 좋은 근사한 레스토랑에서 와인을 마시면서 식사를 하고 싶다면 어떻게 와인을 주문해야 할까? 어려운 분의 집에 초대받았는데, 따라준 와인에 대해서 뭐라고 얘기해야 할까? 외국인과 식사를 할 때, 외국인이 와인 리스트를 넘겨주면서 와인을 고르라고 한다면 어떻게 할까? 와인이 좋다고들 하는데 어떤 와인을 어떻게 사야 할까?

　그러나 와인은 한손에 잡히지 않는다. 와인은 알아야 마시는 술이며, 자주 마시다보면 알게 되는 술이기도 하다. 즉, 와인은 그냥 마시는 술이라기보다는 알면서 마시는 술이라고 할 수 있다.

와인은 예술작품처럼, 그것을 잘 알수록 그 즐거움이 더 커진다. 아무런 지식도 없이 음악이나 미술을 감상한다고 해서 안 될 것은 없지만, 그 작품을 만든 사람과 그 배경에 대해서 잘 안다면 즐거움은 훨씬 더 커지기 마련이다. 음악이나 미술 작품이 헤아릴 수 없이 많듯이 와인 역시 세계의 여러 나라, 여러 지방에서 수십만 가지가 생산되고 있다. 따라서 이 많은 와인 중 한 병을 손에 들고 이것이 어떤 맛이며, 어떤 지역에서 만들어졌는지 알기란 쉽지 않기 때문에 공부가 필요한 것이다.

와인은 까다로운 술?

와인은 아직도 우리와 친한 술은 아니다. 대부분 와인을 맛으로 즐기기보다는 멋을 중요시하는 분위기들이 많고, 와인이란 이렇게 마셔야 된다는 격식을 강조하면서 와인 마시는 것을 고급스런 취향으로 생각하는 사람이 많지만, 와인이란 그렇게 까다로운 술이 아니다. 이는 와인이 어떤 술인지 알기도 전에 어떻게 마실 것인지를 먼저 생각하기 때문이다.

와인은 식사와 함께 하면서 식사를 돕는 술이다. 적절한 테이블 매너를 갖고 마신다면 별 문제될 것이 없다. 처음으로 양식을 먹을 때 오른손에 나이프, 왼손에 포크, 스프는 이렇게 떠먹는다는 등 어쩌고저쩌고 하지만, 몇 번 먹다보면 상대방에게 실례가 안 되는 범위에서 융통성을 발휘하듯이, 와인도 식사 중에 나오는 요리 중 일부라고 생각하고 적절한 에티켓을 갖추면 된다. 즐거운 식사시간이 와인 마시는 법 때문에 부담스러운 시간이 되어서는 안 된다. 그리고 레스토랑에서 일하는 사람도 손님이 즐겁게 식사할 수 있도록 도와주기 위해서 있다고 생각하고, 모를 때는 이들의 도움을 받으면 즐거운 분위기를 유지할 수 있다.

마시는 것과 감정하는 것

그러면 왜 와인에 대해서 아는 척하는 사람들이 색깔을 보고 향을 맡고 혀를 굴리면서 맛을 보라고 까다롭게 구는 것일까? 이는 사람들이 와인 마시는 것과 와인을 감정, 즉 평가하는 일을 혼동하기 때문이다.

와인을 마실 때는 자신의 즐거움을 위해서이고, 와인을 감정한다는 것은 와인을 객관적인 입장에서 엄밀하게 평가하는 것이다. 그래서 와인을 감정할 때는 규격에 맞는 잔을 선택하고 체온이 전달되지 않도록 잔의 아랫부분을 잡고 색깔, 향, 맛 등을 조심스럽게 살펴야 한다. 그렇지만 식사 때나 모임에서 와인을 마실 때는 즐겁고 편하게 마시면 된다. 오히려 따라 준 와인을 밝은 곳에 대고 색깔을 살펴보고 코를 깊숙이 집어넣어 냄새를 맡는다면, 좋은 것인지 아닌지 따지는 셈이 되어 상대에게 실례가 될 것이다.

먼저 식탁으로 가져온 와인이 어떤 것인지 상대가 어떤 태도를 취하는지 살펴야 한다. 구하기 힘든 고급 와인이라면 상대방도 귀하게 취급하면서 와인을 감정하듯이 맛이나 향을 음미하고 이에 대한 의견을 나눌 수도 있겠지만, 보통 와인이라면 평범하게 마실 것이다.

와인은 클래식 음악과 같다. 클래식 음악은 한 번 듣는 것으로 친해지지 않는다. 한 곡을 몇 번씩 들어보고 작곡가의 사상과 배경 등을 알아두면 그 곡을 이해하는 데 도움이 되듯이, 와인도 고급일수록 그 탄생지와 품종, 수확년도 등을 알아두면 많은 도움이 된다. 음악을 사랑하는 사람은 음악 자체를 사랑하지, 듣는 태도를 강조하지 않는다. 마찬가지로 와인도 그 맛과 향을 즐겨야지, 어떻게 마신다는 격식을 중요시할 필요는 없는 것이다. 간혹 세계적인 음악가의 연주가 있다면 정장을 하고 정숙한 분위기에서 음악을 감상할 때도 있듯이, 와인도 아주 귀한 고급품을 만났을 때는 그 오묘한 맛과 향을 감상하기 위해 격식을 갖추는 태도가 필요할 때도 있다.

격식보다는 지식

와인 잔을 잡을 때도 위쪽이나 아래쪽 어느 쪽을 잡아도 문제되지 않는다. 위쪽 볼 부분을 잡으면 체온이 전달되어 와인의 온도가 변한다지만 그 짧은 시간에 체온으로 온도가 변하지 않으니까 너무 엄살 부릴 일도 아니다. 그리고 레스토랑에서는 와인이 나올 때 이미 화이트 와인은 차게, 레드 와인은 그 온도에 맞게 맞춰 나오기 때문에 와인의 온도에도 신경 쓸 필요가 없다.

다음으로 생선 요리에는 화이트 와인, 육류에는 레드 와인을 먹어야 한다는 것이 공식처럼 되어 있지만, 이와 같은 공식은 어디까지나 오랜 세월 동안 많은 사람의 입맛에 의해서 결정된 것이므로 특수한 사람에게 해당이 안 될 수도 있다. 와인을 즐겨 마시다 보면 와인과 요리를 자신의 입맛에 맞게 자신이 선택하게 되며, 남이 어떻게 이야기하든 자신이 좋다고 생각하는 것이 최고가 될 수밖에 없다.

하지만 이 정도 수준에 이르려면 와인을 많이 마셔봐야 하고, 또 그것을 좋아하지 않으면 안 된다. 우리가 김치나 된장 맛을 이야기할 때는 그것에 대해 그만큼 잘 알기 때문에 맛이 있다 없다 혹은 잘 익었느니 안 익었느니 따지는 것이다. 잘 모를 때는 그 맛이나 상태에 대해서 감히 이야기를 못하고 다른 사람 눈치를 살피게 되어 있다.

예의란 언제, 어디서든 상대방을 기분 좋게 배려해 주는 것이다. 아무리 엄한 예법이라 하더라도 상대가 기분이 나쁘다면 그것은 실례가 된다. 그리고 몸에 밴 바르고 깔끔한 매너도 좋지만, 더 중요한 것은 좋은 와인이나 음식이 나왔을 때는 그 맛과 향을 감상하고 서로 의견을 나눌 수 있어야 한다는 것, 그리고 그에 얽힌 흥미로운 이야기를 하면서 대화를 이끌어 갈 수 있는 해박한 지식을 갖추는 것이다.

이 정도면 최고의 사교수단으로서 와인을 마음껏 활용할 수 있는 경지에 이르렀다고 볼 수 있다. 와인은 격식으로 마시는 술이 아니고 지식으로 마시는 술이다.

와인의 종류

레드 와인과 화이트 와인

와인에는 여러 가지 종류가 있지만, 우선 눈에 띄는 색깔로 구분한다면 레드 와인과 화이트 와인으로 나눌 수 있다. 레드 와인은 우리가 흔히 보는 붉은 포도로 만들고 화이트 와인은 청포도로 만드는데, 가끔은 붉은 포도로 화이트 와인을 만들기도 한다. 포도의 색소는 껍질에 있기 때문에 붉은 포도라도 바로 즙을 짜서 만들면 화이트 와인이 된다.

레드 와인과 화이트 와인의 중간 색깔 와인으로는 로제Rosé라는 것이 있는데, 이것은 붉은 포도로 만들기는 하지만 껍질에 있는 색소가 덜 우러나오게 한 것으로 모든 면에서 레드 와인과 화이트 와인의 중간 성질을 갖게 된다. 그렇지만 로제는 식사 때는 별로 마시지 않고 피크닉이나 특별한 분위기를 연출할 경우에 많이 사용된다.

스파클링 와인

톡 쏘는 거품이 나는 와인을 우리말로 발포성 와인이라고 하는데, 영어로는 스파클링 와인Sparkling wine이라고 한다. 이 스파클링 와인의 대표적인 것이 샴페인이다. 이 샴페인만큼 가짜가 많은 술이 없는데, 그 이유는 프랑스 샹파뉴 지방, 영어식으로 읽으면 샴페인 지방에서 나온 술만을 샴페인이라고 불러야 된다는 법이 있기 때문이다.

스파클링 와인은 완성된 와인을 다시 발효시켜 탄산가스가 가득 차게 만든 것이라 값이 비싸다. 우리가 흔히 보듯이 축제 때 펑 터뜨려서 몸에 붓는 술은 샴페인이 아니고 콜라나 사이다 같이 탄산가스를 억지로 집어넣은 것이다. 샴페인은 거품이 넘치지 않도록 조심스럽게 따서 잔에 부을 때도 넘치지 않도록 따름으로써 그 거품의 아름다움을 즐기는 술이다.

알코올 도수가 높은 디저트와인

이미 완성된 와인이나 발효 중인 와인에 알코올을 부어 만든 와인도 있다. 이를 우리말로는 강화와인이라 하고 영어로는 포티파이드 와인Fortified wine이라고 하는데, 보통 디저트와 인Dessert wine이라는 것이 이런 종류이다. 대표적인 것으로 포르투갈의 포트Port를 들 수 있다. 이런 디저트 와인은 알코올 농도가 높고 단맛이 강해서 식사가 끝난 뒤에 디저트와 함께 드는 술이다. 스페인의 셰리Sherry도 알코올을 첨가한 강화와인이지만, 단맛이 없는 것은 주로 식전에 입맛을 돋우는 술, 즉 식전주(아페리티프Apéritif)로서 많이 사용된다. 이렇게 와인은 그 맛에 따라 식사 때 용도가 약간씩 달라진다.

와인의 타입

또 와인의 타입을 일컫는 말로 '드라이dry' '스위트sweet'가 있다. 드라이하다는 것은 단맛이 없는 와인, 스위트하다는 것은 말 그대로 단맛이 나는 와인을 말한다. 와인을 처음 접할 때는 스위트가 좋지만 와인의 맛을 알아 갈수록 점점 드라이 와인을 더 좋아하는 쪽으로 변하기 마련이다.

또 숙성기간에 따라 영 와인young wine, 올드 와인old wine으로 와인을 나누기도 하는데, 이는 말 그대로 갓 담은 와인, 오래된 와인이란 뜻이다. 흔히 사람들이 '와인은 오래될수록 좋다'고 착각하기 쉬운데, 와인은 적당히 익었을 때가 가장 맛이 좋다. 김치와 마찬가지로 가장 맛이 있을 때가 있는 것이다. 또 가볍다(light), 무겁다(heavy)는 표현도 있는데, 가벼운 와인은 입안에서 부담이 없고 신선한 맛을 내는 것, 무거운 와인은 알코올 농도도 높고 텁텁한 맛을 내는 것을 이야기한다. 그러므로 화이트 와인 중에는 가벼운 것이 많고 레드 와인으로는 무거운 것이 많으며, 오래 숙성시킨 와인은 묵직한 맛을 내게 된다.

일반 명칭

이런 식으로 와인을 분류하는 것은 교과서식인 방법이고, 흔히 이야기할 때는 "보르도 와인을 마셔볼까?" "모젤 와인은 어때?" 하는 식으로 와인의 산지를 통해 와인을 지칭하거나 샤르도네, 리슬링 등 와인을 만드는 포도 품종으로 이야기하기도 한다. 이런 정도로 이야기하려면 와인에 대한 식견이 상당히 쌓여야 하는데, 세계 각국의 와인의 특성, 즉 각 지방별 특징은 물론, 와인을 만드는 포도품종도 많이 알아야 한다. 그래서 와인을 배우다 보면 만물박사가 되는 것이다.

와인 라벨 읽기, 아는 만큼 보인다

　수많은 와인 책자나 사이트에서는 ① ② ③ ④ 번호를 붙여가며 라벨 읽는 법에 대해 친절하게 설명하고 있지만, 도움이 하나도 안 된다. 이런 설명서를 보면서 그때는 고개를 끄덕이다가 라벨이 바뀌면 말 그대로 도루묵이 될 수밖에 없다. 와인에 대한 전반적인 지식이 없는 상태에서는 아무리 설명을 많이 듣는다 해도 와인 라벨을 이해할 수 없기 때문이다.

　우선 생산지명, 포도 품종, 유명한 업자의 명칭 등을 알아야 한다. 영어도 아닌 다양한 유럽 언어로 쓰인 문구가 과연 사업자명칭을 표시하는지, 생산지를 표시하는지, 포도품종을 표시하는지 아니면 다른 어떤 것을 표시하는지 알기란 쉽지 않다.

대체로 많이 알려진 고급 와인일수록 라벨이 불친절하고, 유럽의 고급 와인은 품종도 써놓지 않는다.

중요한 것은 원산지 명칭

우선은 세계 와인산지의 명칭을, 그것도 세밀한 지명까지 알아야 한다. 와인은 농산물이기 때문에 원산지를 중요시한다. 와인이란 포도 그 자체가 변한 것뿐이라서 포도의 품종에 따라 그 특성이 결정되며, 같은 품종이라도 재배지역에 따라서 맛이 달라지는 것은 지극히 당연한 일이다. 이와 같이 와인의 품질에 직접 영향을 미치는 포도는 생산지의 토양과 기후에 따라서 그 특성이 좌우되므로, 같은 품종의 포도라도 기후와 토양이 다르면 그 맛과 질은 달라질 수밖에 없다. 그래서 와인 라벨에는 원산지가 꼭 표시되며, 와인을 잘 아는 사람들은 원산지만 봐도 그 와인이 어떤 것인지 금방 안다.

수확년도

다음으로 포도를 수확한 연도(Vintage)가 표시된다. 해마다 날씨가 같지 않다는 것은 누구나 다 알고 있는 사실이다. 아무리 좋은 포도를 이름난 포도밭에서 재배하더라도 날씨가 나쁘면 좋은 와인을 만들 수 없다. 포도는 일조량이 풍부하고 강우량이 비교적 적어야 당도가 높고 신맛이 적어지며 색깔도 질어진다. 물론 유명한 포도밭은 이러한 조건을 갖춘 곳이지만, 날씨에는 변수가 많으므로 유명산지의 와인이라 해도 미식가들은 수확년도를 따져서 이를 선택한다. 그렇지만 이런 와인은 아주 고급으로 비싼 와인에 해당되는 이론적인 것이고, 값싼 와인이라면 가능한 한 최근에 수확한 것을 선택하는 편이 현명한 방법이다. 대부분의 와인은 가장 맛이 좋을 때 병에 넣기 때문이다.

메이커

최종적으로 좋은 포도가 생산되었으나 만드는 사람의 기술과 성의가 부족하면 좋은 와인이 나오지 않는다. 와인을 만드는 과정은 단순하지만 섬세한 기술이 요구되므로 많은 경험이 필요하다. 와인은 사람이나 기계의 힘보다는 자연의 힘을 이용하는 것이므로, 자연의 원리에 따라서 사람은 도와주는 역할만 할뿐이다. 그렇기 때문에 와인을 잘 선택하려면 웬만한 메이커의 포도밭이 어디 있는지, 어떻게 만드는지, 어떤 스타일인지 그 특성을 알아야 한다. 샤토Château, 도메인Domaine, 빈야드Vineyard, 와이너리Winery 등은 메이커를 말한다.

특히 샤토는 프랑스 와인, 특히 보르도 와인을 설명하는 데 꼭 등장하는 단어이다. 사전에서는 성곽이나 대저택을 뜻하지만, 와인에 관련해서는 특정 포도원으로 포도를 재배하고 와인을 만드는 곳을 의미한다. 프랑스 부르고뉴에서는 이와 비숱한 뜻으로 도메인이라는 용어를 사용한다.

라벨 읽기는 와인 공부의 최종 단계

그러므로 와인 라벨을 잘 이해하려면 세계 와인산지의 명칭, 그것도 세밀한 지역 명칭까지, 그리고 포도 품종도 수십 종 이상, 또 웬만한 업자의 명칭이나 포도밭의 명칭까지 알아야 한다. 그러면 그 해당 국가의 언어를 모른다 하더라도 쉽게 라벨이 눈에 들어온다. 그러니까 와인 라벨을 잘 이해하는 사람은 와인을 상당히 아는 사람이 될 수밖에 없으며, 초보자는 아무래도 와인 라벨을 이해할 수 없는 것이 현실이다. 와인 라벨 읽는 법은 와인 공부의 최종 단계이며 와인에 대한 지식을 쌓는 것이 곧 와인 라벨을 이해하는 길이다. 와인 라벨에는 모든 정보가 다 들어있다고 하지만, 지명도 품종도 메이커도 아무 것도 모르면 까막눈이 될 수밖에 없다. 결국 아는 만큼 보이는 것이다.

와인을 만드는 포도

포도나무의 원산지는 이란 북쪽 카스피해와 흑해 사이 소아시아 지방으로 알려져 있다. 그러나 이것은 와인용 포도의 경우에 해당되는 것이고, 우리가 흔히 먹는 우리나라 포도는 전부 미국이 원산지이다. 그래서 포도를 유럽 종과 미국 종 두 가지로 나누는데, 그중에서 유럽 종만 와인용으로 사용되고, 미국 종은 생식이나 주스용으로 사용되고 있다. 와인용 포도는 겨울이 그렇게 춥지 않고 생장기간에 비가 적고 햇볕을 많이 받을 수 있는 지중해성 기후에서 재배될 때 당도가 높고, 색깔도 진해진다.

테루아르

 와인용 포도를 우리나라에서 재배하면 잘 자라지 않는다. 이는 기후, 토양 등 제반 자연환경이 다르기 때문인데, 이렇게 어떤 포도밭을 둘러싼 전반적인 환경을 '테루아르Terroir'라고 한다. 이는 와인의 나라 프랑스어에만 있는 단어로, 우리말로 하면 '풍토' 정도에 해당되는 말이다. 다시 말해 테루아르는 기후, 토양의 성질, 지형, 관개, 배수 등 제반 요소의 상호 작용을 포함하여 일컫는 것이다. 이런 이유로 각 포도밭은 동일한 품종이라도 다른 스타일의 와인을 만들 수 있다. 프랑스에서는 테루아르를 중심으로 포도밭의 등급을 매긴다. 즉, 수확한 포도의 질과 상관없이 품질을 결정해 버리는 것이다. 이는 다소 불합리하기도 하지만, 그만큼 테루아르가 중요한 요소라 할 수 있다.

필록세라

 포도에는 여러 가지 병충해가 있지만, 미국 종 포도에 자생하는 진딧물의 일종인 '필록세라Phylloxera'라는 벌레는 유럽으로 건너가 유럽의 포도밭을 황폐화시키면서 와인을 비롯한 술의 역사를 뒤바꾸는 엄청난 일을 저지른, 중요한 벌레이다. 이 벌레는 포도뿌리를 손상시켜 병들게 만드는데, 미국 종 포도는 수천 년 동안 이 벌레와 동거하는 과정에서 어느 정도 저항력이 생겼지만, 유럽 종 포도는 이 벌레의 침투를 받자마자 맥없이 쓰러져갔다. 그러나 당시는 이런 상황의 원인이 무엇인지 전혀 알지 못했다. 필록세라는 그 크기가 작은 것도 작은 것이지만, 주로 뿌리에서 자라기 때문에 눈에 잘 띄지도 않는다. 더군다나 당시는 농약이 발달된 때도 아니고, 검역이라는 개념도 희박했던 때였다.

농사라는 것은 한두 해만 안 돼도 치명적인데, 10년, 20년 농사가 안 된다면 모두 보따리 싸서 떠나야 한다. 이때부터 유럽의 와인메이커들은 남아프리카, 오스트레일리아, 아르헨티나, 칠레 등 신세계 와인산지로 이동하면서 신세계 와인산업을 발전시키게 된다.

이렇게 19세기 후반에 필록세라 때문에 유럽의 와인 생산량이 바닥을 밑돌자 이제까지 천대받았던 맥주가 상류층에서도 빛을 보게 되었고, 또 와인을 증류시켜 만드는 코냑을 비롯한 브랜디 역시 품귀현상을 나타내기 시작하자 스코틀랜드 산 위스키가 브랜디 대용으로 세계적인 유행을 타기 시작하였다. 그래서 필록세라 사건을 모르면 와인의 역사는 물론, 세계 주류 역사의 중요한 대목을 지나치는 것이라 할 수 있다.

이 필록세라 문제는 미국 종 포도가 필록세라에 저항력이 있다는 사실을 뒤늦게 알고, 미국 종 포도 뿌리(Rootstock)에 유럽 종 포도 가지를 접붙임으로써 해결될 수 있었다. 그래서 미국 종 포도가 생식용이라고는 하지만, 사실은 와인용으로 가장 중요한 필록세라에 강한 뿌리를 가지고 있기 때문에 접붙이기 대목용으로 그 수요가 늘어나고 있다.

레드 와인용 품종

카베르네 소비뇽

카베르네 소비뇽Cabernet Sauvignon은 레드 와인의 교과서라고 할 만큼 프랑스 보르도 지방을 비롯한 와인 명산지에서 많이 재배되는 품종이다. 대부분 드라이 타입인데, 만드는 사람에 따라 산뜻한 타입에서 묵직한 타입까지 여러 가지가 있다. 타닌이 많아서 영 와인 때는 떫은맛이 강하지만 좋은 것은 숙성이 될수록 부드러워지면서 고유의 맛을 풍긴다. 멧돼지 고기 등 야생동물 요리 그리고 스테이크와 아주 잘 어울리는 와인이다.

메를로

메를로Merlot는 색깔이 좋고 부드럽고 원만한 맛을 내기 때문에 유럽에서는 옛날부터 카베르네 소비뇽에 섞는 품종으로 사용되었는데, 요즈음에 단일 품종으로 많이 사용되면서 급격하게 재배면적이 증가하고 있다. 부드럽기 때문에 긴 숙성기간이 필요하지 않다.

피노 누아

프랑스 부르고뉴 지방에서 재배되는 품종인 피노 누아

Pinot Noir는 부드러운 맛에 복합적인 향이 깃든 세계 최고의 레드 와인을 만드는 포도로, 옛날부터 프랑스 명사들이 극찬했던 품종이다. 피노 누아는 비교적 서늘한 곳에서 잘 자라지만, 재배조건이 까다롭기 때문에 언제 어디서나 좋은 와인을 만들지는 않는다. 카베르네 소비뇽보다 타닌 함량이 적고 빨리 숙성되며, 부드러운 육류와 잘 어울린다.

시라

시라Syrah는 프랑스 남부 지방에서 주로 재배하는 품종으로 색깔이 진하고 타닌이 많아서 숙성이 늦고, 오래 보관할 수 있는 묵직한 남성적인 와인을 만든다. 남아프리카로 전해지면서 '쉬라즈Shiraz'라고 변했으며, 이것이 다시 오스트레일리아로 전파되어 오스트레일리아 최고의 레드 와인을 만들고 있다.

가메

프랑스 보졸레 지방의 주 품종인 가메Gamay는 타닌이 약하여 신선하고 가벼우며 약간의 신맛을 내는 라이트 레드 와인이 된다. 거의 화이트 와인의 성질을 가지고 있기 때문에 마실 때는 차게 서비스하는 것이 좋다.

네비올로

이탈리아 피에몬테 지방에서 최고의 와인을 만드는 품종이 네비올로Nebbiolo이다. 네비올로는 알코올 농도가 높고 타닌도 많으며 산도 또한 보르도나 부르고뉴에 비해서 강하다. 영 와인 때는 타닌 맛이 아주 강하지만 숙성시킬수록 조화를 이루어 부드럽고 힘 있는 와인이 된다.

산조베제

산조베제Sangiovese는 이탈리아 토스카나에서 가장 많이 재배되는 품종으로 지역에 따라 가벼운 것부터 묵직한 것까지 다양한 성질을 가진 와인을 만들 수 있다.

그르나슈

프랑스 남부 지방에서 주로 재배하는 품종인 그르나슈Grenache는 바디가 강하고 비교적 숙성이 빨리 되는 편이다. 원산지인 스페인에서에서는 '가르나차Garnacha'라고 한다.

템프라니요

템프라니요Tempranillo는 스페인을 대표하는 품종으로 색깔이 짙고 균형 잡힌 와인을 만든다. 지방에 따라서 부르는 명칭이 여러 가지이다.

진펀델

캘리포니아에서만 재배되는 품종인 진펀델Zinfandel은 로제, 레드 와인, 스위트 와인까지 다양한 와인이 될 수 있으며, 특히 화이트 진펀델은 로제로서 붐을 일으킨 적도 있다.

화이트 와인용 품종

샤르도네

세계 최고의 화이트 와인용 품종인 샤르도네Chardonnay는 특유의 맛과 풍부한 향을 가지고 있다. 거의 달지 않은 드라이 타입으로, 숙성기간이 길며 좋은 것은 병 속에서 10년 가까이 보관하면서 숙성된 맛을 즐길 수 있다. 굴, 새우, 연어 등 해산물과 잘 어울린다.

소비뇽 블랑

가장 개성이 뚜렷한 품종으로 산뜻한 향미가 특색인 소비뇽 블랑Sauvignon Blanc은 일명 퓌메 블랑Fumé Blanc이라고도 하며, 프랑스 보르도, 루아르 지방에서 많이 사용되는 품종이다. 구운 생선, 칠면조 요리 등과 어울린다.

리슬링

리슬링Riesling은 독일을 대표하는 와인으로 동부 유럽, 프랑스의 알자스 등 비교적 시원한 지방에서 생산되는 화이트 와인의 대표적인 품종이다. 드라이에서 스위트까지 여러 가지 타입으로 신선하고 향이 독특하며 포도 자체의 향을 지니고 있다. 닭고기, 야채 등과 잘 어울린다.

세미용

프랑스 보르도와 남서부 지방에서 주로 재배되는 세미용 Semillon은 다른 품종, 특히 소비뇽 블랑과 블렌딩하는 데 많이 사용된다. 또 보트리티스 곰팡이가 낀 세미용 포도로 세계 최고의 스위트 와인을 만든다.

게뷔르츠트라미너

독일과 프랑스 알자스 지방을 비롯한 독일, 오스트리아에서 리슬링과 함께 재배되고 있는 품종인 게뷔르츠트라미너 Gewürztraminer는 여러 가지 특성이 리슬링과 비슷하지만 리슬링보다는 건조하고 자극적이다.

머스캣 / 뮈스카

머스캣 Muscat(혹은 뮈스카라 하기도 한다)은 특정 품종이 아니고 식용, 건포도, 와인용 등 다양하게 쓰이는 여러 가지 품종을 하나로 묶어서 표현한 말이다. 드라이 타입에서 스위트 타입 그리고 강화와인까지 다양한 와인을 만든다.

와인 만들기

포도는 와인의 품질

 좋은 와인을 만들려면 좋은 포도가 있어야 한다. 그래서 와인생산자들은 기후와 토양조건이 좋은 곳에서 그에 적합한 포도 품종을 선택하여 정성스럽게 그것을 가꾸고, 원하는 당도와 산도가 나왔을 때 포도를 수확하여 와인을 만든다.

 발효란 포도당이 변해서 알코올과 탄산가스가 되는 과정이기 때문에, 처음 과즙 상태에서는 단맛이 있다가 발효가 진행될수록 단맛은 없어지고 알코올 농도가 올라간다. 따라서 알코올 농도는 수확한 포도의 당도에 비례한다. 즉, 당도가 약한 포도는 알코올 농도가 낮은 와인이 된다. 그래서 재배조건이 좋지 못한 곳에서는 알코올 농도를 높이기 위해서 설탕을 첨가하기도 한다.

먼저 수확한 포도를 조심스럽게 운반하여 가지를 제거하면서 으깨야 한다. 옛날에는 손으로 하나씩 했지만 요즈음에는 기계를 사용하는데, 이때 포도 씨가 깨지거나 껍질이 여러 조각나면 쓴맛과 풋내가 나기 때문에 조심해야 한다. 옛날에 맨발로 포도를 밟아서 으깬 이유는 껍질이나 씨에 전혀 상처를 주지 않기 때문이었다.

화이트 와인

화이트 와인은 청포도의 즙으로 만든다. 보통 책이나 잡지에 '화이트 와인은 포도를 으깨서 씨와 껍질을 분리한다'고 되어 있는데 이 말은 포도를 으깨어 즙을 짠다는 말이고, 이 즙을 발효시키면 화이트 와인이 된다.

이렇게 즙만 발효하면 색깔이 없고, 씨나 껍질에서 떫은맛도 나오지 않기 때문에 와인은 부드러운 맛을 갖게 된다. 화이트 와인은 포도의 향을 그대로 와인으로 옮기는 일이 가장 중요하다. 그래서 발효 온도를 20℃ 이하로 낮추어 향의 손실을 방지해야 고급품을 얻을 수 있다. 좋은 화이트 와인은 알코올 농도가 그다지 높지 않고 미묘한 향과 신선한 맛을 가진 것이다.

레드 와인

레드 와인은 붉은 포도를 따서 으깬 상태 그대로 발효시켜 얻는 것이다. 발효가 진행되는 과정 중 씨에서는 쓴맛이 우러나오고 껍질에서 색소가 우러나온다. 레드 와인을 만들 때에는 포도에서 필요한 성분을 추출하는 것이 가장 중요하므로, 발효 온도를 25~30℃ 정도로 올려서 많은 성분을 추출시켜야 한다. 레드 와인이 육류와 잘 어울리는 이유도 바로 이런 떫은맛이 육류의 느끼한 맛을 상쇄시켜주기 때문이다.

바로 마실 가벼운 와인은 추출을 가볍게 하고, 오래 두면서 숙성된 맛을 즐기려면 추출을 많이 해야 한다. 떫고 쓴맛을 주는 타닌을 비롯한 폴리페놀 함량이 많을수록 산화가 방지되어 와인의 수명이 길어지며, 그것을 마시면 우리 몸도 오래 갈 수 있는 것이다.

> ※ 로제Rosé : 핑크와인. 로제는 레드와 화이트의 중간상태로 매혹적인 색깔이 매력의 포인트이다. 신선한 맛과 분위기 있는 색깔로 식사 중 어느 때나 마실 수 있다지만, 야외 파티나 특별한 분위기 때 주로 마신다. 보통 레드 와인과 화이트 와인을 섞거나, 레드 와인을 담그면서 색소추출을 조금만 하여 바로 꺼내는 방법 등을 사용한다.

숙성

발효가 갓 끝난 와인은 이스트 냄새나 탄산가스 등이 섞여 있어 냄새가 좋지 않고 맛이 거칠어 바로 마실 수 없기 때문에 몇 개월에서 몇 년의 숙성기간을 두면서 여러 가지 변화를 서서히 유도하여 바람직한 맛과 향을 얻는다. 와인은 숙성기간 동안 일련의 작고 복잡한 변화를 일으킨다. 레드 와인은 짙은 보라색에서 점차 벽돌색깔로 변해가면서, 맛의 강도도 변하여 거칠고 쓴맛이 부드러워진다. 또 향기에 있어서도 원료 포도에서 우러나온 아로마aroma가 점점 약해지고, 발효나 숙성 후에 나오는 원숙한 향이 형성되는데, 부케bouquet라고 부르는 이 향은 포도에서 나오는 향인 아로마와 구분하여 이야기한다. 즉, 포도의 향은 아로마, 숙성된 와인의 향은 부케라고 하는 것이다.

알코올 발효가 끝난 와인을 그대로 두어 찌꺼기가 바닥에 가라앉아 맑아지면, 위쪽의 맑은 액만 따로 분리하여 숙성에 들어간다. 이 숙성기간 중에 거친 맛의 사과산이 젖산으로 변하면서 맛이 부드러워지고, 오크통에 넣어 두면 오크통 성분이 우러나와 그 맛이 배게 된다. 이 오크통은 와인을 맑게 하고 새로운 향을 부여하면서 서서히 산화시켜 와인의 맛을 개선한다. 그러나 값싼 레드 와인이나 화이트 와인은 오크통에서 숙성시키지 않고 숙성 중 가장 맛있는 때라고 판단될 때 병에 넣는다.

새 술은 새 부대에

이 말은 성경에서 나온 것인데, 흔히 비유로 많이 사용되지만 왜 그런지 그 이유를 명확하게 아는 사람은 별로 없다. 실제 성경에는 새 술이 아니고 새 포도주라고 되어 있다. 즉, "새 포도주는 새 부대에 넣느니라"라고 써 있다. 이 말의 의미는 포도를 으깨어 술을 담아봐야 알 수 있다. 옛날에는 발효가 다 됐는지를 판단하는 측정기술이 발달되지 않아 감각으로 이를 판단했는데, 이때 발효가 덜 된 채로 가죽부대에 담으면 거기서 다시 발효가 일어나 탄산가스가 나오는 경우가 많았다. 그러면 새 가죽부대는 신축성이 좋아 이 가스를 어느 정도 수용할 수 있지만, 딱딱한 헌 가죽부대는 가스가 나오면 터지는 수가 많았기 때문에 새 포도주는 새 부대에 담으라고 했던 것이다.

> ※ 병 숙성(Bottle aging) : 병 숙성에 대해서는 잘못된 이야기가 많다. "병에서 숙성하는 동안 산소가 코르크마개를 뚫고 들어간다" "코르크는 숨쉬고 있다"라는 이야기가 있는데, 코르크가 숨쉬면 공기가 들어가서 와인이 부패하게 된다. 사실 코르크마개로 밀봉한 와인 병을 눕혀서 보관하면, 코르크가 와인과 접촉하여 흡수, 팽창하게 되므로 공기유통은 거의 불가능하다. 그러나 와인은 식품으로서, 밀봉된 상태에서도 미세한 변화는 생길 수 있다.

병에 넣을 당시의 맛이 그대로 유지되는 기간이 있고, 어느 정도 지나면 약간 원숙한 맛으로 개선될 수 있다. 고급 레드 와인은 묵직하고 텁텁한 맛이 부드러워질 수 있으나, 대부분의 화이트 와인이나 로제 와인은 병에 넣을 당시의 맛이 최고이다.

세계 여러 나라의 와인

 우리나라에 김치의 종류가 각 지방별로 여러 가지가 있듯이, 와인도 세계 여러 나라 각 지방에서 수십만 가지가 생산되고 있다. 이렇게 많은 와인 중에서 한 병을 손에 들고 이것이 어떤 맛이며, 어떤 지역에서 만들어졌는지 알기란 쉽지 않다. 여기서는 와인의 명산지를 순례하면서 그 배경, 즉 생산지의 지리적 위치와 전통, 특색, 그리고 품질기준 등을 살펴보기로 한다. 하나둘 체계적으로 읽다보면 와인에 대한 상식이 쌓여, 병에 붙어있는 상표만 보고도 와인의 배경을 판단할 수 있는 분별력이 형성될 것이다.

 포도는 온대지방에서 잘 자라지만, 특히 여름이 덥고 건조하고 겨울이 춥지 않은 지중해성 기후에서 좋은 와인용 포도가 생산된다. 레드 와인의 원료가 되는 붉은 포도는 강렬한 햇볕이 내리쬐는 지중해 연안에서 풍부한 당과 진한 색깔을 낼 수 있고, 화이트 와인의 원료인 청포도는 약간 서늘한 곳에서 자란, 신맛이 적절히 배합된 포도가 좋다. 그래서 위도가 높은 독일이나 동부 유럽에서는 화이트 와인을 주로 만들고, 이탈리아, 스페인 등 남부 유럽에서는 레드 와인의 질이 좋을 수밖에 없다.

프랑스 와인

프랑스는 북쪽 지방의 청포도와 남쪽 지방의 붉은 포도가 와인용으로 완벽하기 때문에 와인의 질과 양에서 세계 제일을 자랑하고 있다. 한때 로마황제는 당시 프랑스 포도가 로마의 와인을 위협한다고 모두 없애라는 명령을 내린 적도 있지만, 프랑스 사람의 와인에 대한 사랑과 정열이 오늘날 프랑스 와인을 세계적인 수준으로 끌어 올렸다고 할 수 있다. 그리고 농산물과 해산물이 풍부하고, 일찍이 통일된 국가를 이루고 왕족, 귀족 등 와인 소비층이 까다로워지면서, 그들의 입맛을 맞추기 위해 예술의 경지에 이른 고급 와인으로 발전하기 시작하였다.

프랑스 와인을 이해하려면, 이름 있는 포도원의 명칭과 그 지리적 위치를 먼저 알아야 한다. 프랑스는 전통적으로 이름 있는 포도원의 역사적 배경과 기후, 토질 등을 바탕으로 등급을 정해 버린 곳이 많다. 또 각 지역별로 사용하는 포도의 품종, 담그는 방법이 정해져 있어서 상표에도 품종을 표시하지 않고, 생산지명과 등급을 표시하는 경우가 많다. 그렇기 때문에 각 생산지역의 특징을 파악하지 않으면, 그 곳에서 생산되는 와인이 어떤 것인지 알 수 없게 된다. 프랑스는 어느 곳이든 포도재배가 잘 되지만, 그중에서도 이름 있는 곳은 독일풍 화이트 와인이 나오는 알자스Alsace, 가벼운 와인이 나오는 루아르Loire, 묵직한 레드 와인으로 유명한 보르도Bordeaux, 화려한 맛의 레드와 화이트 와인이 나오는 부르고뉴Bourgogne, 텁텁하고 남성적인 와인의 론Rhône, 유명한 샴페인이 나오는 샹파뉴Champagne 등 6개 지방을 들 수 있다.

AOC

프랑스 와인이 세계적으로 유명한 이유는 포도재배에 적합한 환경을 갖추고 있기도 하지만, 일찍부터 품질관리체계를 확립하여 와인을 생산했기 때문이다. 프랑스의 와인은 지방행정부의 법률에 의해 규제를 받는데, 이것이 유명한 AOC(Appellation d'Origine Contrôlée)제도로 '원산지 명칭의 통제'라고 해석할 수 있는데, 포도재배장소의 위치와 명칭을 관리하는 제도라고 할 수 있다.

이 제도는 전통적으로 유명한 고급 와인의 명성을 보호하고 그 품질을 유지하기 위하여 제정된 것으로, 유명한 포도밭의 포도를 사용하지 않으면서 그 지명을 도용하는 행위나, 반대로 유명한 포도원이 다른 곳에서 포도를 구입하여 와인을 제조하는 행위를 통제하여, 정직한 업자를 보호하고 소비자에게 올바른 와인을 선택할 수 있는 기회를 제공하는 데 그 목적이 있다. 이 법률에서는 포도재배 지역의 지리적인 경계와 그 명칭을 정하고, 사용하는 포도의 품종, 재배방법, 단위면적 당 수확량의 제한 그리고 제조방법과 알코올 농도, 생산된 와인의 맛과 향에 이르기까지 규정을 정하여, 이 규정에 적합한 와인은 포도 재배 지역의 명칭을 가운데 삽입하여 'Appellation(아펠라시옹) OOO Contrôlée(콩트롤레)'라고 상표에 표기한다. 예를 들어, 보르도Bordeaux라면 'Appellation Bordeaux Contrôlée'라고 상표에 인쇄되어 있다.

프랑스에서는 행정구역과 관계없이 포도재배 지역을 토질과 기후를 중심으로 나누어 그 경계와 명칭을 정한다. 그리고 그 지역 명칭도 유명한 이동 막걸리 식으로 경기도, 포천군, 이동면으로 점차 세분화하여 그 명칭을 정한 것이 가장 큰 특징이라고 할 수 있다. 보르도 지방을 예로 들면 다음과 같다.

_Appellation Bordeaux Contrôlée
보르도 지방에서 생산된 포도만을 사용하여 만든 와인.

_Appellation Médoc Contrôlée
보르도 지방 중 메독이란 지역에서 생산된 포도만을 사용하여 만든 와인.

_Appellation Margaux Contrôlée
보르도 지방 중 메독의 마르고라는 마을에서 생산된 포도만을 사용하여 만든 와인.

이와 같이 지명이 세분화된 작은 지역의 와인일수록 원료 생산지의 범위가 좁아지므로, 일반적으로 작은 지역단위의 AOC 와인이 더 개성 있는 고급으로 인정되고 있다. 그러니까 보르도나 부르고뉴와 같이 우리에게 잘 알려진 명칭의 AOC보다는 아주 낯선 소지역의 지명 단위 AOC가 더 고급일 경우가 많기 때문에 프랑스의 와인을 이해하려면 이름 있는 포도원의 명칭과 그 지리적인 위치를 알아야 한다. 현재 프랑스에는 약 400여 개의 AOC 명칭이 정해져 있다. AOC보다 여러 면에서 통제가 느슨한 와인은 '뱅 드 페이Vin de Pays'라는 표시를 하고, 원산지 구분이 없는 것은 '뱅 드 타블Vin de Table'이라고 표시한다.

이와 같이 프랑스의 AOC는 와인의 품질을 기준으로 정했다기보다는 원산지를 통제함으로서 고급와인이 될 수 있는 무대를 만들었다고 봐야 한다. 이 AOC 제도는 우리의 KS와 차원이 다른 품질관리 제도로, 원산지를 통제하여 각 지방 고유의 전통과 명예를 지닌 와인을 생산할 수 있는 바탕을 마련하여 프랑스 와인의 품질과 명성을 유지하는 데 큰 역할을 하고 있다. 이 제도는 유럽 각국으로 전달되어 이탈리아는 DOC, 스페인은 DO, 포르투갈은 DOC 등 명칭만 약간 다를 뿐 동일한 목적으로 사용되고 있다.

보르도 지방

보르도 와인하면 와인에 대해 관심이 없는 사람이라도 그 명성을 익히 알 정도로 옛날부터 유명한 곳이다. 일찍이 로마시대부터 포도밭이 조성되어 로마사람들이 보르도 와인을 애용하면서 그 이름이 알려지게 되었고, 중세에는 이곳 출신인 루이 7세의 왕비가 이혼하고 영국의 왕자와 결혼하면서 영국 영토로 편입되었던 곳이다. 그때부터 보르도 와인이 유럽전역으로 퍼지게 되면서 와인의 명산지로서 알려진 것이다. 보르도는 기후와 토양조건이 포도 재배에 완벽하고 항구를 끼고 있어서 와인의 제조와 판매에 좋은 조건을 갖추고 있는 곳이라 할 수 있다.

보르도 와인은 상표에 지명이나 제조업체의 상호를 크게 표시할 수 있지만, 포도재배에서 양조, 포장까지 일관작업으로 생산되는 고급와인은 샤토Château 명칭을 크게 나타내면서 "Mis en bouteilles au Château"(포도를 재배한 샤토에서 와인을 만들고 주병을 하였다는 뜻)라는 문장이 상표에 기입되어 있다. 나머지 메이커는 포도를 구입하여 와인을 제조하거나, 발효만 끝낸 중간 상태의 와인을 구입하여 제품을 만드는 등, 반제품 상태의 와인을 완성품으로 만든 후에 상표에 자신의 이름이나 상호를 넣는다.

보르도 지방에서 유명한 생산지역은 다음과 같다.

_메독

메독Médoc은 세계 최고의 레드 와인의 명산지로서, 토양의 성질과 재배하는 포도품종의 조화가 가장 잘 된 곳으로 알려져 있다. 사용하는 품종은 타닌이 많은 카베르네 소비뇽에 부드러운 메를로 등을 섞어서 균형을 맞춘다. 이 메독 지역은 북쪽의 바메독Bas-Médoc과 남쪽의 오메독Haut-Médoc으로 나눌 수 있는데, 잘 알려진 고급 와인생산지역은 오메독의 북쪽에서 남쪽으로 생테스테프Saint-Estèphe, 포이약Pauillac, 생줄리앙Saint-Julien, 마르고Margaux이며, 서쪽의 물리Moulis, 리스트락Listrac을 포함한 여섯 개의 지역이다. 이들 와인은 AOC에 이 지명이 표시되어 있다.

메독은 전통적으로 고급 와인을 생산하는 샤토를 1855년에 지정하여 그랑 크뤼 클라세Grand Cru Classé라는 명칭으로 60개의 샤토를 다섯 개의 등급으로 나누어 분류하고 있다. 이들 와인은 예술적인 가치를 지닌 수준 높은 와인으로 평가받고 있다. 대표적인 샤토로 샤토 라피트 롯쉴드Ch. Lafite-Rothschild, 샤토 라투르Ch. Latour, 샤토 마르고Ch. Margaux, 샤토 무통 롯쉴드Ch. Mouton-Rothschild를 들 수 있다.

_그라브

자갈이란 뜻을 가진 그라브Grave 지방은 메독의 남쪽에 있으며, 화이트, 레드 와인 모두 명품으로 알려져 있다. 레드 와인 품종은 메독과 비슷하며, 메독의 와인보다 부드럽고 숙성된 맛을 풍기며, 부케 또한 풍부한 것이 특징이다. 화이트 와인 품종은 세미용에 소비뇽 블랑을 섞어서 고전적인 맛을 낸다. 가장 유명한 샤토인 샤토 오브리옹Ch. Haut Brion은 메독의 와인이 아니면서도 1855년 메독의 그랑 크뤼 클라세의 1등급에 지정된 유명한 곳이며, 그 외 샤토 라 미숑 오브리옹Ch. La Mission Haut Brion, 샤토 부스코Ch. Bouscaut 등도 유명하다.

_소테른

세계적으로 유명한 스위트 화이트 와인을 생산하는 소테른Sauternes은 포도를 늦게까지 수확하지 않고 과숙시켜, 보트리티스 시네레아Botrytis cinerea라는 곰팡이가 낀 다음에 수확하여 와인을 만들어 유명해진 곳이다. 사용하는 품종은 세미용이나 소비뇽 블랑이며, 곰팡이 때문에 특이한 향과 고유의 단맛을 내는 와인이 된다. 이런 와인을 영어로는 노블 롯Noble rot, 일본에서는 귀부貴腐 와인이라고 한다. 수확량이 적어서 값이 비싸고 귀한 것이 특징이다. 1855년 메독의 그랑 크뤼 클라세를 정할 때 이미 그 등급을 세 단계로 분류하였고, 이 중에서 샤토 뒤켐Ch. d'Yquem은 세계에서 가장 비싼 화이트 와인이라고 할 수 있다.

_포므롤

포므롤Pomerol은 곳은 규모가 작고 생산량이 적지만, 희소가치로서 이름이 나 있기 때문에 유명 샤토의 와인은 구하기가 힘들 정도이며, 특히 샤토 페투르스의 와인은 값이 비싼 것으로 유명하다. 부드러운 메를로를 주품종으로 사용하기 때문에 와인의 맛도 부드럽고 온화하며 향 또한 신선하고 풍부한 것으로 유명하다.

_생테밀리용

아름답고 고풍스러운 풍경이 유명한 생테밀리용Saint-Emilion은, 경사진 백악질 토양과 자갈밭에서 온화하고 카베르네 프랑과 메를로를 사용하여 부드러운 와인을 만든다. 유명한 샤토로는 샤토 슈발 블랑Ch. Cheval Blanc, 샤토 오존Ch. Ausone 등이 있다.

부르고뉴 지방

부르고뉴 지방은 보르도 지방과 함께 프랑스 와인을 대표하는 곳이며, 영어를 사용하는 나라에서는 버건디Burgundy라고 부른다. 이 지방은 교통이 불편한 프랑스 동부 지역에 길게 퍼져 있어서 보르도에 비하여 상대적으로 늦게 알려졌으나, 이곳의 와인은 항상 공급보다는 수요가 많기 때문에 구하기 힘들뿐 아니라 값이 비싸기로 유명하다. 사용하는 품종은 단일 품종으로 화이트 와인은 샤르도네, 레드 와인은 피노 누아로 만든다.

부르고뉴는 포도가 자라는 환경, 즉 테루아르를 가장 중요하게 생각하기 때문에 포도밭을 토양의 성질과 위치 등을 고려하여 빌라주Village, 프르미에르 크뤼Premier Cru, 그랑 크뤼Grand Cru, 세 가지 등급으로 나누고 있다. 그리고 보르도의 샤토는 포도재배 및 양조, 숙성, 포장을 일괄적으로 처리하지만, 부르고뉴의 포도밭은 주인이 여러 사람이고 규모가 작아서 중간제조업자인 네고시앙Négociant에 의해서 와인의 품질이 좌우된다. 그러니까 보르도는 샤토의 명성으로 와인을 선택하고 부르고뉴에서는 네고시앙 명성으로 와인을 선택해야 한다.

부르고뉴의 유명한 생산지는 다음과 같다.

_샤블리

샤블리Chablis는 세계 최고의 화이트 와인을 생산하는 곳으로 비교적 북쪽에 있어서 와인은 신맛이 강하고 엷은 황금색으로 델리케이트한 맛과 신선하고 깨끗한 뒷맛이 특징이라고 할 수 있다. 전통적으로 화이트 와인을 오크통에서 숙성시켰으나, 요즈음 신선한 맛을 강조하기 위해 오크통 숙성기간을 점차 줄이는 경향이 있지만, 고급와인은 여전히 오크통에서 숙성하여 중후한 맛을 풍기고 있다.

_코트 드 뉘

이곳의 최고급 와인을 '부르고뉴의 샹젤리제'라고도 할 정도로 코트 드 뉘Côte de Nuit의 피노 누아로 만든 레드 와인은 타의 추종을 불허한다. 스타일마다 미묘한 뉘앙스를 느낄 수 있고, 환상적인 화려한 맛을 가지고 있는 와인이라고 이야기된다. 유명한 샹베르탱Chambertin, 로마네 콩티Romanée-Conti 등이 나오는 곳이며, 로마네 콩티는 세계에서 가장 비싼 와인이라고 할 수 있다.

_코트 드 본

코트 드 본Côte de Beaune의 와인은 우수한 테루아르 때문에 품질이 좋지만 그 성격도 다양하다. 유명한 코르통Corton은 짜임새가 강하고 조화가 잘 되어 있으며 뛰어난 숙성력을 가진 레드 와인이며, 세계에서 가장 값이 비싼 화이트 와인은 그랑 크뤼로서 몽라셰Montrachet, 코르통 샤를마뉴Corton-Charlemagne 등이 있다. 일찍이 알렉상드르 뒤마는 "몽라셰는 모자를 벗고 무릎을 꿇고 마셔야 한다"고 했을 정도다.

_보졸레

보졸레Beaujolais는 기존 레드 와인과 전혀 다른 스타일로서, 맛이 가볍고 신선한 레드 와인을 빨리 만들어 빨리 소비하는 것으로 유명한 곳이다. 보통 늦여름에 수확하여 11월에 시장에 나오는 '보졸레 누보Beaujolais Nouveau'는 세계적으로 인기를 얻고 있다. 생산과 소비의 회전이 빠르기 때문에 값이 비싸지 않고 맛이 좋은 대중주로 사랑을 받고 있다.

알자스 지방

알자스는 북부 내륙 지방으로 서늘한 날이 많아서 주로 청

포도를 재배하며, 질 좋은 화이트 와인의 명산지로 알려져 있다. 이 지방은 옛날부터 독일과 영토분쟁이 심했던 곳으로 독일 영토에 속한 적도 몇 번 있어서, 와인 스타일이 독일과 비슷하다. 재배하는 품종도 리슬링, 게뷔르츠트라미너, 피노 블랑 등 동일하고, 병 모양도 목이 가늘고 긴 병을 사용한다. 다만 발효방법이 독일과 차이가 있는데, 독일은 발효 중간에 당분을 남기거나 와인에 포도주스를 첨가하여 약간 달게 만들지만, 알자스는 완전히 발효시키므로 드라이 타입이 된다.

루아르 지방

대서양 연안 낭트Nantes에서 아름다운 루아르강을 따라 1,000km에 이르는 긴 계곡으로 연결된 와인의 명산지인 루아르Loire 지방은 피서지로서도 유명하다. 이 지방에서 생산되는 와인의 2/3는 화이트 와인이며, 대부분 드라이 타입이다. 사용하는 품종은 소비뇽 블랑, 슈냉 블랑, 그리고 카베르네 프랑 등 레드 와인용 품종도 있다.

대서양 연안의 루아르강 입구에 있는 페이 낭테Pays Nantais는 해산물과 조화를 이루는 뮈스카데Muscadet라는 화이트 와인이 유명하며, 다양한 와인의 생산지인 앙주 소뮈르Anjou-Saumur는 앙주Anjou의 로제, 소뮈르Saumur의 레드 와인이 좋은 편이다. 또한 내륙에 있는 투렌Touraine은 부브레Vouvray, 몽루이Montlouis, 부르괴이Bourgueil, 시농Chinon 등이 유명하다. 가장 인기 있는 와인은 중부 지방(Centre Nivernais)의 화이트 와인으로 소비뇽 블랑으로 만든 상세르Sancerre, 푸이 퓌메Pouilly-Fumé라고 할 수 있다.

론 지방

이곳은 옛날 로마사람들이 포도밭을 조성하여 와인을 만들었으며, 지리적으로 이탈리아와 가깝기 때문에 와인 스타일도 이탈리아와 비슷하다. 프랑스 남부 지중해 연안으로 여름이 덥고, 겨울이 춥지 않으며, 포도밭에 돌이 많기 때문에 낮 동안의 열기를 간직하여, 밤이 되어도 지면의 온도가 쉽게 내려가지 않는다. 그렇기 때문에 포도의 당분함량이 높고, 주로 레드 와인을 생산하며, 이 레드 와인은 색깔이 진하고 묵직하며, 프랑스 어느 지방의 와인보다 알코올 함량이 높다. 그래서 고전적인 중후한 레드 와인을 좋아하는 사람들은 론 지방의 와인을 부르고뉴나 보르도 와인보다 더 높게 평가한다.

가장 유명한 곳은 에르미타주Hermitage로서 시라를 주품종으로 색깔이 진하고 풍부한 맛이 특징이고, 7~8년 이상 보관하면서 중후한 맛을 즐길 수 있으며, 좋은 것은 15년 이상 보관할 수 있다. 또한 코트 로티Côte Rôtie와 크로즈 에르미타주 Crozes-Hermitage 역시 시라를 주로 재배하여 맛이 진하고 풍부한 레드 와인을 만들고 있다. 남쪽의 샤토뇌프 뒤 파프Châteauneuf-du-Pape'는 14세기에 교황 클레멘트 5세가 아비뇽으로 교황청을 옮긴 후 여름 별장으로 사용했던 곳으로, 주로 그르나슈로 레드 와인을 만들어 유명해진 곳이다. 기타 타벨Tavel은 프랑스에서 가장 유명한 로제를 생산한다.

샹파뉴 지방

샹파뉴 지방은 프랑스에서 포도가 재배되는 지방 중 가장 추운 곳이다. 그래서 이곳은 신맛이 강한 드라이 화이트 와인과 별 특징 없는 레드 와인을 생산하는 지방이었으나, 250년 전부터 발포성 와인, 즉 거품 나는 와인을 만들면서 이름이 알려지기 시작하였다.

당시에는 당분이나 알코올의 측정방법이 발달되지 않았고, 추운 북쪽 지방에서는 추위가 빨리 오기 때문에 당분이 남아 있는 상태에서 와인을 병에 넣는 일이 많았다. 당분이 남아 있는 와인은 추운 겨울에는 별 변화가 없지만, 봄이 되어 온도가 올라가기 시작하면 다시 발효가 일어나면서 탄산가스가 생성되고, 이에 따라 병 속의 압력이 증가하여 병이 폭발하거나 병뚜껑이 날아가 버린다. 이 현상을 이용하여 일부러 병에서의 발효를 통해 거품이 나게 만든 것이 샴페인이다. 그러니까 샴페인은 와인을 두 번 만든 것으로, 완성된 와인에 설탕과 이스트를 넣어서 병에서 다시 발효시켜, 탄산가스를 가득 차게 만들어 일정 기간 숙성시킨 다음 찌꺼기를 제거한다.

이렇게 정성들여 만든 술을 흔들어서 공중에 날려버리고, 낭비하는 일은 바람직하지 않다. 그래서 샴페인은 소리 나지 않도록 조심스럽게 코르크를 제거하고, 글라스에 따를 때도 조심스럽게 거품이 넘치지 않도록 따르는 것이 좋다. 가장 많이 쓰이는 글라스는 길쭉한 튤립 모양이나 긴 플루트 모양이다. 가끔은 넓고 바닥이 낮은 글라스도 사용되지만, 긴 튤립모양의 글라스가 위쪽이 좁아서 글라스를 입에 댈 때 거품을 조절할 수 있다. 플루트 모양의 글라스는 조심스럽게 다루지 않으면 거품이 넘칠 우려가 있다.

샴페인은 여러 품종의 포도가 섞이고 서로 다른 지역의 포도가 혼합되므로, 생산지역보다는 제조회사가 중요하다. 또 같은 메이커라면, 좋은 포도밭에서 생산된 가장 좋은 포도를 사용한 것, 포도에서 즙을 짤 때 첫 번째 나오는 주스만 사용한 것, 병에서 오랫동안 숙성시킨 것, 빈티지가 표시된 샴페인 등을 선택하는 것이 좋다. 그러나 무엇보다도 와인 자체가 수정같이 맑고 윤기가 있으며, 글라스에 채운 다음 살펴볼 때 거품의 크기가 작고, 거품이 올라오는 시간이 오래 지속되는 시각적 즐거움을 주는 것이 최고라고 할 수 있다.

> ※ 샴페인의 명칭: 프랑스에서 생산되는 스파클링 와인 중 샹파뉴 지방에서 생산된 것만을 '샴페인(불어식으로는 샹파뉴)'이라고 표기할 수 있다. 샹파뉴 이외의 지역에서 생산되는 프랑스의 스파클링 와인은 '무세Mousseux', 독일은 '젝트Sekt', 스페인은 '카바Cava', 이탈리아는 '스프만테Spumante', 미국은 '스파클링Sparkling' 와인이라고 부른다.

독일 와인

 독일은 포도재배의 북방 한계점으로 전반적으로 날씨가 춥고 일조량이 많지 않기 때문에, 포도가 잘 자랄 수 있는 남서쪽 라인강가의 가파른 언덕지대에서 주로 화이트 와인을 생산하고 있다. 그렇지만 이곳의 화이트 와인은 옛날부터 이름이 알려져 있고, 특히 라인과 모젤 와인은 세계적으로 유명하다. 독일의 화이트 와인은 알코올 함량이 낮고(8~11%), 신선하고 균형 잡힌 맛으로 값도 비싸지 않으므로, 가장 마시기 좋은 와인이라고 할 수 있다.

 독일은 날씨가 춥고 일조량이 부족하기 때문에, 포도의 당분함량이 낮고 산도가 높다. 그러므로 독일의 와인은 알코올 함량이 낮고 신맛이 강하기 때문에, 발효 전에 포도주스에 설탕을 넣어서 발효 후 와인의 알코올 함량을 높인다. 그렇지만 고급와인 제조 시에는 설탕을 넣는 것이 금지되어 있다. 또, 한 가지 발효가 완전히 끝난 와인에 포도주스를 섞기도 하는데, 이렇게 하면 와인의 당분 함량이 증가하고 알코올 농도는 낮아진다. 따라서 맛이 달고 포도의 신선한 향을 지니는 부드러운 와인이 된다. 사용하는 품종은 독일 와인을 상징하는 향기로운 리슬링과 가볍고 대중적인 질바너, 산도가 낮아 가장 많이 재배되는 뮐러 투르가우, 개성이 강한 게뷔르츠트라미너 등이며, 끊임없이 기후와 토양에 적합한 새로운 품종이 개발되고 있다.

유명한 와인산지

모젤Mosel은 독일 와인의 15%를 생산하고 있으며, 가장 유명하고, 가볍고 신선한 맛이 특징이다. 보통 모젤이라고 부르며, 목이 긴 녹색 병을 사용한다. 라인가우Rheingau는 모젤 지역과 함께 세계적으로 유명한 화이트 와인을 생산하는데, 모젤 와인보다 알코올 함량이 높고 원숙한 맛이 특징이다. 줄여서 라인 와인이라고 부르며, 목이 긴 갈색 병을 사용한다. 그 외 대량 생산지역인 라인헤센Rheinhessen과 팔츠Pfalz는 각각 독일 와인의 20%를 생산한다.

그 외 나에Nahe, 바덴Baden, 프랑켄Franken, 뷔르템베르크Württemberg, 아르Ahr, 텔라인Mittelrhein, 헤시쉐 베르크슈트라세Hessische Bergstrasse, 자알레 운스트루트Saale-Unstrut, 작센Sachsen 등 13개 지역에서 독일의 주요 와인이 생산된다.

품질 등급

독일은 프랑스와 같이 포도밭의 테루아르로 등급을 정하지 않고, 수확 시 포도의 성숙도(당도)에 따라 등급을 매긴 것으로 이 기준은 지역과 품종에 따라 약간 달라진다.

_타펠바인Tafelwein

가장 낮은 등급으로 재배지 구분이 없다(EU 구역 내 포도 사용 가능).

_도이치 타펠바인Deutscher Tafelwein

독일산 포도로 만든 테이블 와인으로 발효 전에 설탕을 첨가할 수 있다.

_란트바인Landwein

타펠바인의 높은 등급으로 열아홉 개 재배지역이 정해져 있다. 1982년에 프랑스 뱅 드 페이를 모방하여 도입한 것이다. 발효 전에 설탕을 첨가할 수 있지만 농축과즙은 첨가하지 못한다.

_크발리테츠바인 베슈팀터 안바우게비테Qualitätswein bestimmter Anbaugebiete(QbA)

'특정 지역에서 생산되는 고급 와인'이란 뜻으로 법률로 정한 열세 개 지구에서 생산되는 와인이다. 독일 와인 중 가장 생산량이 많다. 기후가 좋지 않은 해는 알코올 농도를 높이기 위해 허가를 득한 후 설탕을 첨가할 수 있으며, 보관한 포도주스(Süssreserve)도 넣을 수 있다.

_프래디카츠바인Prädikatswein

'특징 있는 고급 와인'이란 뜻이다. 발효 전에 포도주스에 설탕을 첨가하지 못하지만, 특별한 경우는 보관한 포도주스를 넣을 수 있다. 보통 잔당이 있을 때 발효를 중단하여 달게 만든다. 프래디카츠바인의 등급은 다음과 같이 여섯 개로 나닌다.

①카비네트Kabinett : 가볍고 약간 스위트한 와인으로 QmP의 대중적인 것이다.

②슈페트레제Spätlese : 늦게 수확하여 만든 와인이란 뜻으로 정상적인 수확기를 지나 당도가 높아진 다음 수확한 포도로 만든 와인이다.

③아우스레제Auslese : 선택적으로 과숙한 포도만을 수확하여 만든 와인이란 뜻으로 완전히 익어야 하고 썩거나 상한 것이 없어야 한다.

④베렌아우스레제Beerenauslese : 잘 익은 포도 알맹이만을 선택적으로 수확하여 만든 와인이란 뜻이다. 보통 스위트 와인이 된다.

⑤아이스바인Eiswein : 포도나무에 매달아 놓은 채 겨울까지 기다린 다음 포도를 얼려서 해동시키지 않고 즙을 짜서 만든 와인이다.

⑥트로켄베렌아우스레제Trockenbeerenauslese(TBA) : 보트리티스 곰팡이가 낀 포도를 건포도와 같이 건조시킨 다음에 하나씩 수확하여 만든 스위트 와인이다.

독일 와인의 선택기준

독일 와인을 선택할 시에는 무엇보다도 포도의 재배지역을 보고 선택해야 하는데, 모젤이나 라인가우의 것을 선택하는 것이 좋다. 다음은 리슬링으로 만든 와인인지를 살펴

보아야 한다. 똑같은 베렌아우스레제라도 가격 차이가 있는 것은 포도품종 때문이다. 독일 와인에서 리슬링은 곧 품질을 상징한다. 마지막으로 빈티지를 살펴야 한다. 독일은 추운 지방으로 포도재배에 날씨의 영향을 많이 받기 때문에 특히 중요하다.

이탈리아 와인

로마 시대부터 와인의 종주국임을 자처하는 이탈리아는 와인의 생산량, 소비량, 수출량에 이르기까지 프랑스와 앞뒤를 다투고 있으나, 아직도 프랑스의 그늘에 가려 보이지 않는 장벽을 넘지 못하고 있다. 이는 근세까지 도시국가로 나뉘어 지내온 이탈리아의 정치적 배경에도 그 이유가 있겠지만, 프랑스보다 뒤늦게 품질관리 체계를 정하고 수출에도 늦게 눈을 떴기 때문이다.

프랑스 사람들은 와인을 하나의 예술품의 경지에 올려놓고 온갖 포장을 다하여 세계 사람들이 프랑스 와인을 우러러보도록 만든 반면, 이탈리아 사람들은 와인을 마시지 않고 '먹는다'는 표현을 쓸 만큼 와인을 식탁에 있는 하나의 음식으로 생각하고 지내왔다. 그러나 1980년대, 이후 포도 재배방법과 양조법을 개선하여 괄목할 만한 품질 개선으로 그 이미지가 달라지고 있다.

DOC

프랑스의 AOC와 마찬가지로 각 재배지역의 지리적 경계, 양조 및 저장장소, 사용하는 품종 지정, 혼합 비율 결정, 단위 면적 당 수확량 규제, 양조방법, 최소 알코올 농도, 숙성기간(나무통과 병에서 저장하는 기간), 용기의 형태 및 용량, 화학분석 및 관능검사까지 규정하고 있다.

_비노 다 타볼라Vino da Tavola

테이블 와인으로서 외국산 포도를 블렌딩하지 못한다. 상표에는 와인의 색깔, 즉 레드, 화이트, 로제를 표시한다(VdT).

_인디카초네 제오그라피카 티피카Indicazione Geografica Tipica (IGT)

생산지명만 표시하는 것과 포도품종과 생산지명을 표시하는 두 가지가 있다.

_데노미나초네 디 오리지네 콘트롤라타Denominazione di Origine Controllata(DOC)

원산지 명칭 통제. 포도품종은 표시하지 않고 원산지만 나타낸다.

_데노미나초네 디 오리지네 콘트롤라타 에 가란티타Denominazione di Origine Controllata e gatantita(DOCG)

원산지 명칭 통제 보증. 5년 이상 된 DOC 와인 중 일정 수준 이상의 것을 심사하여 결정한다.

> ※ 클라시코Classico : DOC 중 예전부터 있었던 오래된 원산지의 고급 와인에 붙는 문구.
> ※ 리세르바Riseva : 최저숙성기간을 초과하는 규정을 만족시킨 고급 와인에 붙는 문구.

유명한 와인산지

이탈리아의 포도 생산지역은 행정구역과 동일한 20개의 지방에 각각 DOC를 정하여 포도 재배지역을 구분하고 있다. 가장 유명한 지방은 토스카나Toscana, 피에몬테Piedmont, 그리고 베네토Veneto 세 군데이다.

토스카나

토스카나는 유명한 플로렌스가 있는 지방으로 가장 많이 알려져 있으며, 신선하고 가벼운 맛으로 이탈리아 음식과 잘 어울리는 키안티Chianti, 색깔이 진하고 타닌 함량이 많고 오래 숙성시킬 수 있는 브루넬로 디 몬탈치노Brunello di Montalcino, 귀족이나 성직자의 식탁에 공급했다는 비노 노빌레 디 몬테풀치아노Vino Nobile di Montepulciano 등이 유명하며, 이들 모두 DOCG급 와인이다.

또 DOC 규정을 무시하고 독자적으로 품종을 선택하여 만든 와인으로 등급은 낮지만 비싸게 팔리는 와인을 영어권에서 슈퍼 투스칸Super Tuscans이라고 하는데, 유명한 것으로 사시카야Sassicaia, 티냐넬로Tignanello, 오르넬라야Ornellaia, 솔라야Solaia 등을 들 수 있다.

피에몬테

북서부 지방으로 알프스 산맥 밑에 위치하고 있는 피에몬테는 프랑스와 스위스 국경에 접하고 있다. 이 지방을 대표하는 와인인 바롤로Barolo와 바르바레스코Barbaresco는 DOCG급 와인으로 네비올로 포도로 만들어 장기간 숙성시킨 고급 와인이다. 바롤로는 아주 진하고 묵직한 레드 와인으로 타닌 함량이 많아서 텁텁한 맛을 가지고 있으며, 바르바레스코는 좀 더 부드럽고 세련된 맛을 가지고 있다. 좀 더 가볍고 부드러운 와인으로는 바르베라Barbera, 돌체토Dolcetto가 있으며, 스파클링 와인으로 아스티 스푸만테Asti Spumante가 유명하다.

피에몬테의 와인을 마실 때는 가벼운 바르베라나 돌체토를 마신 다음에 풍부한 바르바레스코를 마시고, 최종적으로 묵직하고 강한 바롤로를 마신다. 즉, 바롤로는 이탈리아 와인의 최고봉이라고 할 수 있다.

베네토

베네토는 북동쪽에 있는 지방으로 유명한 관광지 베니스와 베로나가 있는 곳이다. 이탈리아에서 와인 생산량이 가장 많은 곳이고 깔끔한 맛의 화이트 와인인 소아베Soave가 유명하며, 발폴리첼라Valpolicella, 바르돌리노Bardolino 등도 무난한 맛으로 언제 어디서나 쉽게 마실 수 있는 와인이다.

또 발폴리첼라 지역에서 나오는 특이한 레드 와인인 아로마네Amarone는 포도를 수확하여 건조시켜 당분함량을 높인 다음에 발효시킨 것으로 알코올 함량은 14~16%의 드라이 와인으로 이탈리아 레드 와인 중 가장 강한 맛을 가지고 있다.

※ 베르뭇Vermouth : 식전주, 즉 본 식사가 나오기 전에 식욕을 돋우기 위하여 마시는 술로 세계 여러 나라에서 가장 많이 애용되고 있는 이탈리아 특유의 강화 와인이다. 화이트 와인에 여러 가지 향료성분이 들어있는 식물체를 넣어서, 와인 고유의 맛에 향료성분이 추가되어 특별한 맛과 향을 갖게 된다.

※ 마르살라Marsala : 시칠리아 섬을 대표하는 유명한 강화 와인으로 드라이 와인에 포도 농축주스나 알코올 발효를 중단시킨 와인, 그리고 고농도 알코올을 첨가하여 만든다. 알코올 농도는 17~19%이며 호박색으로 드라이 타입과 스위트 타입이 있다.

스페인 와인

세계에서 가장 넓은 포도밭을 가지고 있는 스페인은 좋은 레드 와인으로도 유명하지만, 별 볼일 없는 화이트 와인을 다시 발효시켜 만든 셰리는 세계인의 입맛을 돋우는 식전주로서 유명하다. 스페인은 날씨가 건조하고 관개시설이 빈약하여 생산성이 좋지 않다. 그리고 이탈리아와 마찬가지로 품질에 대한 관심도가 낮아서 전근대적인 방법으로 포도를 재배하고 와인을 만들었지만, 최근에 AOC와 동일한 DO(Denominacion de Origen)제도를 도입하고, 재배방법과 양조방법을 개선하여 우수한 와인을 생산하고 있다.

DO(Denominación de Origen)

_비노 데 메사Vinos de Mesa

지리적 명칭이 없는 테이블 와인으로 서로 다른 지역의 포도가 혼합될 수도 있다.

_VCIG(Vinos de Calidad con Indicación Geográfica)

품질과 명성이 있는 와인 생산지역에 부여되는 명칭으로, 예전의 비노 델 라 티에라Vinos de la Tierra, 프랑스 뱅 드 페이와 유사하다.

_DO(Vinos con Denominación de Origen)

이 와인은 지정된 지방, 지역, 포도밭에서 생산된 것으로 와인 재배지역이 고급 와인 생산자로서 알려진 것이다.

_DOCa(Vinos con Denominación de Origen Calificada)

DO 와인으로서 필요한 규정에 적합한 것으로 현재 2개 지방의 와인, 즉 라 리오하La Rioja와 프리오라토Priorato만 DOCa로 지정되어 있다.

_비노 데 파고Vinos de Pago

특별한 환경과 뛰어난 와인을 생산한 실적이 있는 DOC 구역 안에 위치한 단일 포도밭에서 나오는 와인이다. 2003년에 신설된 제도이다.

> ※ 크리안사Crianza : 2년 숙성, 6개월은 작은 오크통에서 숙성.
> ※ 레세르바Reserva : 3년 숙성, 1년은 오크통 숙성.
> ※ 그란 레세르바Gran Reserva : 5년 숙성, 18개월은 오크통 숙성.

유명한 와인산지

스페인에서 가장 우수한 와인을 생산하는 리오하Rioja는 보르도의 영향을 받아 고급 레드 와인을 만들며, 바르셀로나 남서쪽 해안에 있는 페네데스Penedés는 프랑스 품종을 도입하여 혁신적인 방법으로 와인을 만든다. 새로운 와인산지로 각광을 받고 있는 리베라 델 두에로Ribera del Duero와 프리오라토Priorato는 진하고 힘이 넘치는 레드 와인으로 유명하며, 리아스 바이 사스Rias Baixas는 화이트 와인이 유명하다. 그리고 중앙 고원지대에 있는 라 만차La Mancha는 스페인에서 가장 많은 와인을 생산하고 있다.

프랑스의 샴페인과 같이, 단일지역 와인 중 세계적으로 가장 인기 있는 셰리는 세계적인 식전주로서 화이트 와인을 만든 다음, 큰 통에 가득 채우지 않고 공기와 접촉을 시켜 와인 표면에 효모막(Yeast film)을 형성시켜 만든다. 이때 나오는 향이 갓 구워낸 따뜻한 빵에서 나오는 냄새와 같이 식욕을 자극시키는 효과가 있어서 식전주로서 사용하는 것이다. 제조방법에 따라 피노Fino, 올로로소Oloroso, 아몬티야도Amontillado, 만사니야Manzanilla 등으로 나눌 수 있다.

포르투갈 와인

나라는 작지만 와인 강국인 포르투갈은 포트Port라는 달콤한 레드 와인을 만들어 식사 후 디저트와 함께 마시는 디저트용 와인으로 유명하다. 포르투갈의 와인은 이탈리아, 스페인과 마찬가지로 레드 와인을 많이 생산하고, 오크통에서 오래 숙성시키기 때문에 와인 스타일도 이들 나라와 비슷하다.

포르투갈은 12세기부터 부분적으로 원산지 통제제도를 시행할 만큼 와인에 대한 자부심이 강한 전통적인 와인 생산국이다. 오랫동안 전근대적인 방법으로 와인을 생산하였지만, 최근에는 새로운 기술을 도입하여 품질향상에 노력하고 있다.

전통적으로 포트와 마데이라Madeira가 유명하며, 최근에 수출용으로 개발한 로제도 세계 각 시장에서 인기를 끌고 있다.

DOC

_드노미나사웅 드 오리젱 콘트롤라다Deminaçao de Origem Controlada(DOC)

원산지 명칭 통제와인으로 프랑스 AOC와 동일한 개념이다. 2000년 현재 24개 지역이 지정되어 있다.

_인디카사웅 드 프로브니엥시아 헤굴라멘타다Indicação de Proveniencia Regulamentada(IPR)

고급 와인으로서 DOC 와인이 되기 위한 준비단계의 것으로 프랑스의 VDQS에 해당된다.

_비뉴스 헤지오날Vinhos Regional

프랑스의 뱅 드 페이에 해당되는 등급이다.

_비뉴스 드 메자Vinhos de Mesa

일반 테이블 와인으로 프랑스의 뱅 드 타블Vin de Table에 해당된다.

유명한 와인산지

화이트 와인으로 유명한 비뉴 베르드Vinho Verde, 보르도 타입의 다웅Dão이 유명하지만, 도우로 계곡에서 생산되는 '포트'가 가장 유명하다. 포트는 세계적인 디저트와인으로 발효 중간에 브랜디를 부어 발효를 중지시키므로 단맛이 많이 남아있고 알코올 농도가 높은 와인이 된다. 루비 포트Ruby port는 색깔이 진하고 신선한 생동감이 있으며, 토니 포트Tawny port는 청포도가 많이 들어가 색깔이 연하고 부드러운 맛을 가지고 있으며, 빈티지 포트Vintage port는 20~30년 이상 병에서 숙성시킬 수 있는 고급 와인이다.

또 다른 유명한 디저트 와인은 마데이라Madeira로, 대서양에 있는 마데이라 섬에서 생산되는 와인이다. 마데이라는 아열대에 속하는 기후에 화산으로 이루어진 섬에서 만든 와인으로, 와인을 오랜 시간 가열하여 누른 냄새를 배게 만든 다음 브랜디를 첨가하기 때문에 특이한 향을 가지고 있다.

미국 와인

미국의 와인은 대부분 캘리포니아에서 생산되는데, 이곳에서는 이상적인 기후조건에 풍부한 자본과 우수한 기술을 적용하여, 세계적인 품질의 와인을 생산하고 있다. 유럽은 전통적인 방법을 고수하면서 자신들의 명예와 전통을 지키지만, 미국은 과감한 실험정신으로 신규 기술을 접목하여 품질향상에 노력하면서 유럽의 유명한 와인 메이커와 활발한 합작투자를 전개하고 있다. 한편, 캘리포니아 북쪽에 있는 오리건주州는 피노 누아로 만든 부르고뉴 스타일의 와인으로 유명하며, 오리건주 북쪽에 있는 워싱턴주 역시 새로운 와인산지로 각광을 받고 있다.

캘리포니아 와인산지

캘리포니아에서 가장 고급와인이 나오는 북부해안 지방은 샌프란시스코 북쪽으로 기후조건이 가장 좋은 곳으로, 보르도 스타일의 나파 밸리Napa valley가 가장 유명하다. 또한 최근에 고급 와인 산지로 유명해진 소노마Sonoma 역시 미국의 고급 와인산지를 대표하는 곳으로 부드럽고 온화한 와인을 만들고 있다.

샌프란시스코 남쪽의 중부해안 지방은 몬테레이Monterey, 산타클라라Santa Clara, 리버모어Livermore 등에서 고급 와인을 생산하고, 중부 내륙 지방은 미국에서 가장 많은 와인을 생산하는 곳으로 캘리포니아 와인의 80%는 이곳에서 나온다.

AVA(American Viticultural Areas, 지정재배지역)

미국을 비롯한 신세계 와인은 특별한 등급체계나 원산지에 관한 규정이 없다. 유럽은 수백 년의 역사를 거치면서 많은 사람의 평가에 의해서 와인의 명산지나 명문가가 자리 잡을 수 있었지만, 신세계는 짧은 역사를 가지고 있어서 아직은 특별한 등급체계를 가지고 있지 않다. 일반적으로 알려진 명산지가 있을 뿐이고, 이제야 하나둘 정리하여 원산지의 범위를 정하는 정도의 체계를 갖추고 있다.

AVA는 1983년부터 시행한 것으로 각 포도재배 지역을 구분하자는 취지에서 시작된 것이다. 어느 지역이 더 우수하다거나 품질을 보증한다는 의미가 아니고 단순히 다르다는 개념뿐이기 때문에, 유럽과 같이 재배방법, 생산방법, 품종 등에 대한 규정은 없다. 메이커 자신이 정한 품질기준과 소비자 요구를 부합시켜 자율적으로 관리한다.

※ 메리티지Meritage 와인 : 캘리포니아에서 보르도 스타일로 만든 고급 레드 및 화이트 와인을 말한다.

※ 컬트Cult 와인 : 캘리포니아에서 소량 고품질의 카베르네 소비뇽을 생산하여 경매에서 고가에 팔리는 와인으로서 1980년대 오퍼스 원Opus One을 시작으로 발전한 것이다.

선택 기준

사용하는 포도품종이 기재된 와인, 빈티지가 표시된 와인일수록 고급이라고 할 수 있으나, 가장 중요한 것은 메이커의 선택이다. 나파나 소노마의 유명 메이커를 선택하는 것이 가장 좋은 방법이다.

오스트레일리아 와인

19세기부터 유럽에서 포도를 도입하여, 뉴사우스웨일스의 헌터 밸리에서 와인을 만들기 시작하였다. 이때부터 영국을 주요시장으로 발전하여, 아직도 영국이 큰 시장이지만, 요즈음은 가까운 아시아권에서 판촉을 활발히 하고 있다. 1970년대까지만 해도 달콤한 디저트 와인과 값싼 테이블 와인 위주로 생산했으나 1980년대부터 고급품을 만들어 국제적인 명성을 얻기 시작하여, 세계 4위의 와인 수출국이면서, 와인 소비도 영어권에서는 뉴질랜드와 더불어 1인당 소비량이 가장 많다.

오스트레일리아 와인 하면 가장 먼저 떠오르는 것이 쉬라즈Shiraz란 품종이다. 프랑스 론 지방에서 가져온 시라Syrah를 여기서는 이렇게 부른다. 이것으로 만든 와인은 맛이 진하고 장기간 보관할 수 있는 풀 바디 와인으로, 오스트레일리아 와인의 주종을 이루고 있다. 쉬라즈가 주종을 이루게 된 배경은 카베르네 소비뇽 등 다른 품종을 수입하려고 할 때는 이미 유럽 전체가 필록세라라는 해충 때문에 곤란을 겪고 있어서, 방역선을 조성하여 필록세라를 방어하느라고 새로운 품종은 나중에 들어오게 된다. 덕분에 필록세라 피해가 극히 적었고, 지금도 미국 종에 접붙이기를 하지 않은 100년 이상 된 나무에서 생산되는 와인도 있다.

유명한 와인산지

오스트레일리아 와인의 탄생지인 뉴사우스웨일스New South Wales는 가장 오래된 헌터Hunter, 시원한 곳에서 고급 와인을 만드는 머쥐Mudgee 등의 산지가 유명하며, 오스트레일리아의 캘리포니아라 할 수 있는 사우스 오스트레일리아South Australia는 최고급 와인산지인 바로사 밸리Barossa Valley, 소량 고품질의 클레어 밸리Clare valley, 시원한 쿠나와라Coonawarra 등의 산지가 유명하다.

빅토리아Victoria는 가장 남쪽에 있기 때문에 서늘한 기후에서 품질이 좋은 와인을 생산하고 있으며, 장기 숙성용 레드 와인이 나오는 벤디고Bendigo, 서늘한 기후에서 피노 누아 등을 재배하는 절롱Geelong과 야라 밸리Yarra Valley 등의 산지가 유명하며, 웨스턴오스트레일리아Western Australia는 신규 와인산지로 보르도 스타일 와인의 마가렛 리버Margaret River 등의 산지가 유명하다.

선택 기준

신세계 와인은 역사가 짧기 때문에 선택의 기준은 메이커가 될 수밖에 없다. 호주의 메이커들은 대대로 백 년 이상 가족 위주의 경영으로 출발하여 현재는 합병을 거듭하여 거대기업으로 발전하여 대기업이 90% 이상의 시장 점유율을 가지고 있다.

※ 빈Bin : 별도의 각 배치Batch를 표시한 것으로 특별한 의미는 없지만 탱크 번호 등을 상표에 표시하여 소비자의 관심을 끌게 된 것이다.

※ 캐스크 와인Cask wine : 국내 소비의 60% 가까이 차지하고 있고 일명 '백 인 박스Bag-in-Box'라고도 한다. 미국의 저그 와인Jug wine에 해당되는 것으로 값이 싸고 맛도 나쁘지 않다.

칠레 와인

칠레 와인은 세계 시장에서 가격 대비 가장 좋은 와인이라는 칭송을 받으면서, 내수보다는 수출에 주력하는 곳이다. 동쪽으로 안데스 산맥, 서쪽으로 태평양이 가로막고 있어서 지리적으로 다른 지역과 격리된 곳이라서 병충해가 적으며, 와인산지는 지중해성 기후로 겨울에 비가 내리고, 여름이 덥고 건조한데다, 일조량이 풍부하여 색깔이 진하고 단맛이 풍부한 포도가 생산된다. 그리고 포도밭이 계곡 사이의 평지에 있으면서 태평양 한류의 영향을 받기 때문에 밤낮의 기온차가 심하여, 더욱 강건한 와인이 된다. 이런 천혜의 조건을 갖춘 곳이라서 온 세계의 포도밭을 폐허로 만든 필록세라가 유일하게 침투하지 못한 곳이며, 아울러 환경친화적인 재배가 가능한 곳이다.

칠레의 와인은 캘리포니아보다 훨씬 앞서 17세기에 시작하여, 이때 이미 양적인 팽창을 이루지만, 19세기 프랑스에서 카베르네 소비뇽과 메를로를 수입하면서 질적으로 성장하게 된다. 19세기 후반, 다른 나라들은 필록세라 때문에 미국 종 대목에 접붙이기를 하지만, 칠레는 접붙이기를 하지 않은 원래의 프랑스 품종을 지금까지 유지하고 있다. 1980년대부터 과학적인 기법을 도입하여 새롭게 발전하고, 1990년대 민주정부가 들어서면서 프랑스, 미국, 스페인 등 외국자본이 유입되어 급속하게 세계 시장으로 퍼지게 된다.

유명한 와인산지

안데스 산맥 최고봉 이름과 동일한 아콩카과Aconcagua는 레드 와인으로, 바로 밑에 있는 카사블랑카Casablanca는 화이트 와인으로 유명하다. 더 남쪽에는 칠레에서 가장 오래 된 마이포Maipo, 고급 와인이 나오는 카차포알Cachapoal과 콜차과Colchaqua 일교차가 큰 쿠리코Curicó 등 중부지방에 와인산지가 집중되어 있다.

선택 기준

칠레 와인의 공식적인 등급은 없다. 개성 있는 와이너리에서 고급 와인에 각자의 이름을 붙여서 판매한다. 특히 유럽과 미국의 유명 메이커들과 합작하는 곳이 많다.

기타 신세계 와인

아르헨티나

아르헨티나는 남아메리카 대륙에서 와인 생산량이 가장 많고, 프랑스, 이탈리아, 스페인, 미국에 이어서 세계 5위를 자랑하지만, 아르헨티나 와인을 마셔 본 사람은 많지 않다. 이는 최근까지 생산된 와인을 수출하지 않고 내수용으로 사용하였기 때문이다. 그래서 1인당 와인 소비량도 40~50병(세계 6~7위 수준)으로 와인을 상당히 많이 마시는 나라라고 할 수 있지만, 정치적인 불안과 경제적인 어려움으로 품질향상에 노력하지 않고, 값이 싼 와인을 대량 생산하여 내수용으로 소비하기 때문에 국제적인 인식이 아직은 좋지 않다.

그러나 1990년대에 이르러 정치적으로 안정이 되고, 다른 산업이 발달하면서 와인산업 역시 발전하고 있다. 특히 이웃에 있는 칠레를 발전 모델로 삼아서 혁신적인 변화를 도모하고 있으며, 프랑스나 미국 전문가들을 고용하여 아르헨티나 와인 현대화에 힘쓰고 있다. 오크통을 구입하고 온도를 조절할 수 있는 스테인리스스틸 탱크를 도입하여 품질을 향상시키고 있다.

남아프리카

남아프리카는 17세기 네덜란드 동인도 회사가 자국인의 오랜 항해, 즉 유럽과 인도 극동을 항해하면서 식량공급, 선박 수리소 역할을 하도록 설치한 곳이다. 케이프의 초대 총독은 선상 의무감으로 부하들에게 "이곳 케이프가 지중해성 기후로서 포도재배에 적합하다"고 설득하고, 와인이 괴혈병에 좋다면서 1655년 포도밭을 조성하여 와인을 만들었다.

그 후 1688년 프랑스에서 종교박해를 피해 위그노파가 도착하여 포도나무를 심고 와인을 만들면서 산업화의 기틀을 마련하였으며, 이어서 프랑스 사람들이 건너와 기술이전을 하면서 품질이 향상되었다. 최근에 과학적이고 현대적인 시설을 갖추면서 가볍고 신선한 테이블 와인을 만들면서, 1973년부터 원산지 표시(Wine of Origin)를 시행하고, 품종과 수확연도를 표시하기 시작했다. 현재 80%의 와인이 지정된 지역에서 나온다.

남아프리카의 포도밭이 많이 있는 사우스 웨스턴 케이프 South Western Cape는 대서양과 인도양이 만나는 곳이며, 남극권에서 아프리카 서해안을 따라 올라가는 차가운 벵겔라 해류때문에 온화하다. 그래서 포도밭은 남부와 대서양 연안의 서부에 조성되어있다. 산악지형, 바다 그리고 기타 요인에 따라 여러 가지 중간 기후대가 형성된다.

뉴질랜드

1980년대 중반까지 자가 수요로서 만족하는 정도의 와인 생산국이었으나, 최근에 재능 있고 교육을 제대로 받은 와인 메이커가 혁신적인 방법으로 와인산업을 일으켜 1988년에는 100여 개에 불과하던 와이너리가 1998년에는 300개 가까이 증가했고, 포도밭도 40% 이상 늘어났다. 1986년부터는 정부에서 주관하여 신품종을 들여오고, 생산량도 급격하게 늘어나고 있다.

특히 소비뇽 블랑은 이 나라의 대표적인 품종이 되었으며, 샤르도네, 리슬링 등 화이트 와인 비율이 75%이며, 레드 와인은 피노 누아로서 급속하게 확산되고 있다. 신세계 와인 생산국 중에서 가장 역사가 짧지만, 소비뇽 블랑과 피노 누아로 급격하게 주목을 받고 있는 곳이라고 할 수 있다.

와인 상식

 와인은 서양에서 유래된 술이며, 수천 년 동안 이들의 식생활 문화의 일부를 차지해 온 술이다. 서양의 여러 가지 술이 우리나라에 소개된 지는 오래됐지만, 와인은 맥주나 위스키와 같은 서양 술에 비하여 일반화되지는 못하고 있다. 와인은 식사와 함께 하는 술이기 때문에, 아직까지는 전통적인 음식이 많은 우리의 식탁과는 어울리지 않기 때문이다. 그렇지만 요즈음 식생활이 점점 서구화되면서, 젊은층을 중심으로 와인의 소비가 조금씩 늘어나고, 유럽 사람과 접촉하는 기회가 늘어나면서, 와인에 대한 관심도 높아지고 유럽의 유명한 와인을 쉽게 접할 수 있게 되었다.

 여기서는 서양의 관습이지만 와인을 제대로 마시고 접대하는 요령에 대해서 알아보고, 수준을 한 단계 더 높여서 전문적인 분야지만, 와인을 맛보고 그에 대한 평가를 내릴 수 있는 기초지식 및 기타 상식적인 면을 살펴보기로 한다. 와인과 관련된 직업에 종사하는 사람이나, 외국인 특히 유럽인과 관계 있는 직업에 종사하는 사람들에게는 관심이 있는 분야가 될 것이다.

와인의 분류

서양 요리는 가벼운 전채부터 시작하여 수프, 생선 요리, 그리고 닭고기나 오리고기 요리 등 가벼운 육류에서 비프스테이크 등 본격적인 육류 요리 순서로 진행되며, 대개 감미로운 디저트로 끝을 맺게 된다. 와인도 이에 따라 식전주, 화이트 와인, 레드 와인 순서대로 진행되며, 마지막으로 감미로운 디저트 와인이 나온다. 이와 같이 식사 코스를 중심으로 와인을 분류하면 다음과 같이 나눌 수 있다.

식전주
스페인의 셰리, 이태리의 베르뭇 등을 차게 해서 마신다. 신맛이 있는 알자스나 독일의 화이트 와인도 좋다. 특별한 행사에는 달지 않은 샴페인도 쓰인다.

화이트 테이블 와인

화이트 테이블 와인White table wine 중 가볍고 신선한 것으로는 보르도의 그라브, 부르고뉴의 샤블리, 그리고 독일의 모젤, 이탈리아의 소아베 등이 좋고, 묵직한 것은 부르고뉴의 푸이퓌세, 코트 드 본, 스페인의 리오하 등이 있다.

레드 테이블 와인

레드 테이블 와인Red table wine 중 가벼운 것으로는 보졸레, 보르도의 그라브, 이탈리아의 바르베라 등이 있고, 묵직하고 텁텁한 것으로는 보르도의 포므롤, 부르고뉴의 코트 드 뉘 등이 좋다.

스위트 디저트 와인

포르투갈의 포트가 가장 대표적인 스위트 디저트 와인Sweet dessert wine이고, 그 외에는 헝가리의 토카이Tokaji 등도 있다.

스파클링 와인

샴페인이나 기타, 다른 곳의 스파클링 와인, 식전이나 식후, 그리고 특별한 행사나 축하연에서 사용한다.

※ 토카이 : 헝가리에서 생산되는 스위트화이트 와인으로 프랑스의 소테른과 같이 곰팡이 낀 귀부 포도(Noble rot)로 만든 대표적인 디저트 와인이다.

와인과 요리

생선 요리에는 화이트 와인, 붉은 육류 요리에는 레드 와인이 어울린다는 공식은 웬만한 사람이면 다 알고 있는 상식이다. 생선 요리에 화이트 와인이 어울리는 이유는 화이트 와인의 산미가 생선의 맛과 조화되기 때문이고, 레드 와인과 붉은 육류 요리가 잘 어울리는 이유는 레드 와인의 타닌이 육류의 기름기와 느끼한 맛을 잘 조절해 주기 때문이다.

단조로운 생선 요리일수록 드라이 와인과 잘 맞고, 특히 굴 요리는 샤르도네나 소비뇽 블랑이 적격이라 할 수 있다. 약간 감미로운 독일이나 알자스 와인은 생선튀김에 잘 어울린다. 붉은 육류 요리에는 레드 와인이 잘 맞는다고 했지만, 붉은 고기가 아니더라도 닭고기나 오리고기 등의 요리도 가벼운 레드 와인과 어울린다. 비프스테이크와 같은 붉은 육류 요리나 우리나라의 불고기나 갈비 같은 요리도 묵직한 레드 와인 즉, 카베르네 소비뇽 등이 좋다.

그렇지만 이와 같은 등식은 어디까지나 오랜 세월 동안 다수의 사람들의 입맛에 의해서 결정된 것이므로, 모든 사람들에게 해당되는 것은 아니다. 생선이든 육류든 누가 뭐래도 화이트 와인이 좋다면서 마시는 사람도 많다. 와인의 맛을 잘 아는 사람은 와인과 요리를 자기의 입맛에 의해서 자신이 선택하는 것이 정상적인 것이다.

와인 접대와 테이블 매너

와인글라스

일반적으로 사용되는 와인글라스는 튤립꽃 모양의 것에 비교적 긴 손잡이가 달린 것인데, 사람의 체온이 와인에 직접 전달되지 않도록 배려한 것이다. 그리고 위로 올라갈수록 좁아지는 이유는 와인의 향기가 밖으로 나가지 않고 글라스 안에서 돌도록 배려한 것이다. 그리고 와인의 색깔을 즐기기 위해서는 글라스가 무색투명해야 하며 그 두께는 얇을수록 좋다. 예쁜 색깔을 넣은 글라스나 아름다운 무늬를 넣은 것은 이와 같은 이유로 바람직한 것은 못된다.

글라스 모양을 엄격하게 따지는 사람은 같은 레드 와인이라도 보르도와 부르고뉴의 것을 구분하여 글라스를 선택하고, 독일 와인을 마실 때는 독일 고유의 손잡이가 굵은 글라스를 사용하는 등 그 와인 생산지의 전통적인 글라스를 사용하려고 한다. 일반와인이 아닌 샴페인이나 코냑 등은 그 목적에 맞는 특수한 형태의 글라스를 사용하는 것이 옳지만, 식사용인 테이블 와인은 유리로 된 글라스면 충분하다. 무엇보다도 중요한 것은 와인글라스의 청결상태이며, 특히 샴페인의 경우는 더욱 깨끗해야 한다.

와인의 온도

선택된 와인은 와인의 종류에 따라 적절한 온도를 유지하도록 준비해야 한다. 보통 화이트 와인은 10~15℃, 레드 와인은 15~20℃, 그리고 샴페인은 10℃ 정도로 마신다고 이야기하지만 정해진 법칙은 아니다. 경우에 따라 보졸레나 루아르 같은 가벼운 레드 와인을 차게 하여 마실 수 있으며, 더운 여름에는 화이트, 레드 모두 차게 마실 수도 있다. 와인을 감정하기 위한 테이스팅Tasting을 할 때 온도가 너무 낮으면 향을 느끼지 못하므로, 화이트 와인도 차게 해서 맛을 보지는 않는다.

코르크의 개봉과 와인 따르기

보통 와인의 코르크마개의 지름은 24mm인데, 병구의 지름은 18mm가 보통이다(샴페인 코르크는 31mm, 병구는 17.5mm). 이렇게 코르크는 강하게 압축된 채 병구를 막고 있으므로 코르크마개를 개봉하는 데는 특별한 기구(코르크스크루)와 상당한 힘이 필요하다.

①먼저 캡슐을 제거한다. 그리고 캡슐에 싸여 있던 코르크의 상태를 살펴보고 더럽거나 곰팡이가 끼어 있으면 깨끗이 닦아낸다.

②코르크스크루의 끝을 코르크 중앙에 대고 조심스럽게 돌린다. 이때 스크루가 너무 깊이 들어가서 코르크마개를 관통하면 코르크 조각이 와인에 떨어질 수 있다. 물론 코르크 조각이 몸에 해로운 것은 아니지만 이것은 보기 좋은 장면이 아니다.

③코르크를 조심스럽게 잡아당긴다. 잘 만들어진 코르크스크루는 계속 돌리기만 해도 코르크마개가 빠지도록 되어 있으며, 웬만한 것은 지렛대를 이용하여 별로 힘들이지 않고 코르크마개를 빼낼 수 있다.

④빼낸 코르크마개는 조심스럽게 빼서 내려놓는다. 이때 코르크마개 냄새를 맡아보기도 하는데, 코르크 냄새만 날 뿐이다. 다만 코르크마개가 충분히 젖어 있는지 확인만 하면 된다. 젖어있지 않은 것은 병을 세워서 보관했다는 증거가 된다.

⑤먼저 와인을 주문한 사람 혹은 그날의 주빈에게 약간의 와인을 따른다. 이 사람은 글라스를 들고 색깔과 향, 그리고 맛이 만족스러운지 살핀 다음, 다른 손님의 글라스에 와인을 따르도록 허락한다.

⑥순서를 정한다면, 주빈이 오른쪽 사람부터 시계 반대방향으로 와인을 따르는데, 여자 손님의 글라스를 먼저 채우고, 다시 반대방향으로 돌면서 남자 손님의 글라스에 따른다.

⑦이때는 글라스를 완전히 채우지 않고 1/3 정도의 여유를 두고 따르는 것이 좋다. 그리고 다 따르고 난 후 병을 들어올릴 때는 약간 비틀어서 와인이 식탁에 떨어지지 않도록 해야 한다.

> ※ 디캔팅Decanting : 오래된 레드 와인은 침전물이 가라앉아 있을 수 있다. 특히 보르도 와인이나 빈티지 포트에 자주 생기므로, 이러한 와인을 접대할 때는 침전물을 제거할

> 수 있는 디캔터Decanter를 미리 준비해야 한다. 침전물이 가라앉은 와인은 침전물을 제외한 맑은 와인을 디캔터로 옮긴 후에 글라스에 따라 마신다. 또 숙성이 덜 된 거친 와인의 경우도 공기와 접촉하면서 맛이 부드러워질 수도 있으므로 디캔팅을 한다. 그러나 아주 오래된 와인은 공기를 접하면 금방 변질될 수 있으므로 조심해야 한다.

레스토랑의 와인

레스토랑에서는 손님의 선호도, 가격조건, 그리고 수급능력에 따라 다양한 와인을 준비해 두어야 한다. 준비된 와인은 종류별로 분류하고, 일정조건을 갖춘 장소에 보관하고, 전부 맛을 봐서 와인의 특성을 파악하고 있어야 한다. 그리고 와인의 생산지, 빈티지, 포도 품종, 어울리는 음식 등 와인의 배경에 대해서도 다양한 정보를 수집하고, 이를 손님에게 알려줄 수 있는 것이 좋다.

그러나 무엇보다도 중요한 것은 손님에게 즐거운 분위기에서 식사를 할 수 있도록 도와주는 일이다. 와인을 주문하는 간단한 일을 까다롭게 만들어, 복잡한 상황을 연출하는 격식이나 절차는 손님에게 부담을 줄 뿐이다. 좋은 식당이란 훈련된 웨이터의 도움으로, 모든 사람이 즐거운 마음으로 와인과 요리를 주문하고, 그 맛을 분위기와 함께 즐길 수 있는 곳이라야 한다.

와인 리스트

와인 리스트는 그 레스토랑이나 바의 와인 수준을 알아 볼 수 있는 거울로서 여러 가지 정보가 들어 있어야 한다. 즉, 와인의 명칭, 타입, 빈티지, 생산지, 가격, 가능하면 메이커의 명칭이 들어있으면 더욱 좋다. 그리고 무엇보다 중요한 것은 적절한 가격으로 웬만한 사람에게 부담이 없도록 해야 한다는 점이다. 특히 우리나라와 같이 아직 와인이 특수한 계층의 음료로 인식되어 있는 상황에서는 아직 와인을 모르는 사람들이 와인과 친해질 수 있도록 적절한 가격대로 유도해야 한다. 모든 사람들이 와인 리스트를 보면서 가격에 가장 민감하다는 평범한 사실에 주의를 기울여야 한다.

소믈리에

소믈리에Sommelier는 프랑스어이며, 영어로는 '와인 웨이터'라 한다. 르네상스 시대에 왕과 귀족들의 시종으로서 이 명칭이 사용되었는데, 소믈리에는 여행 중 식품과 와인을 준비하고 보관하는 솜Somme이라는 수레에서 유래된 말이다. 이들은 식품을 단순히 저장만 하지 않고, 그 상태를 확인하고 주인이 먹기 전에 맛을 보면서 독물이 있는지 확인하였다. 따라서 독이 있으면 소믈리에가 먼저 알 수 있었는데, 여기에서 출발하여 와인 서비스를 전담하는 직업으로 발전한 것이다.

현재 소믈리에는 와인 저장실(Cellar)과 레스토랑 일을 맡아보고, 모든 음료수에 대해서 책임을 지고 있다. 화려한 제복을 입고 목에 은빛 장식품을 걸치고, 손님에게 예의바른 사람으로만 인식되어서는 안 된다. 식사 주문이 끝나자마자 주문한 음식을 알고, 바로 와인을 추천하거나 와인 리스트를 보일 수 있어야 한다. 그는 레스토랑의 모든 와인에 대해서 알고 있어야 하며, 나아가서는 와인의 세일즈맨이 되어야 한다. 단골손님의 취향을 파악하고, 주인과 와인에 대해서 의견을 교환할 수 있어야 한다. 그리고 손님의 즐거운 식사를 위해서, 돕는 일이 우선이라는 점을 항상 인식하고 있어야 한다.

그러기 위해서는 와인 리스트의 작성, 와인의 구입, 저장실 및 기타 비품을 관리해야 한다. 더 나아가 서비스맨으로서 인격을 갖추고, 기획, 경영능력이 있어야 하며, 종업원의 와인 및 서비스 교육도 시킬 수 있어야 한다.

와인의 주문

와인을 주문할 때에는 먼저 와인 리스트를 완전히 살펴봐야 한다. 만약 소믈리에나 웨이터의 제안을 원한다면 그렇게 하고, 특별한 지방의 와인이 있으면 이야기를 한다. 또 좋아하는 스타일을 이야기하거나, 가격 위주로 "얼마짜리 이하로 주세요."라고 해도 잘못될 것은 없다. 만약 주문한 와인이 리스트에 없으면 웨이터나 소믈리에는 바로 대체품을 추천할 수 있어야 한다.

와인을 한 병 더 주문할 때는 와인이 서비스되고 있을 때 이야기를 해야 한다. 가장 중요한 것은 주문을 하면 바로 가져올 수 있어야 한다는 점이다. 웨이터가 바쁘다고 걱정할 필요는 없다. 항상 원하는 때 일을 시킬 수 있어야 한다.

와인의 보관

와인은 살아 있는 생명체와 같이 태어나서 성숙한 경지에 이르는 기간이 있고, 다시 성숙한 기간이 유지되는 기간, 그리고 쇠퇴하여 부패되면서 와인으로서 가치를 잃게 된다. 그리고 이러한 각 단계별 기간은 와인의 타입에 따라 틀려진다. 대체적으로 알코올 농도가 높고, 타닌 함량이 많을수록 숙성기간이 길고 보관도 오래할 수 있다.

같은 타입의 와인이라면 보관상태에 따라 그 수명이 달라질 수 있다. 대부분의 와인은 만든 지 1~2년 내에 소모되지만, 값비싼 좋은 와인은 10~20년 보관해 두면서 숙성된 맛을 즐길 수 있다. 그러므로 와인을 보관한다는 것은 와인의 선택 못지않게 중요한 일이다.

원칙적으로 와인이 들어 있는 병은 눕혀서 보관한다. 그 이유는 오래 세워두면 코르크마개가 건조해져서 외부의 공기가 침입, 와인을 산화시키기 때문이다. 그러나 눕혀서 보관하면 와인이 코르크마개로 스며들어 코르크가 팽창하므로, 외부로부터 공기가 들어올 수 없다. 또 와인의 산화를 촉진시키는 것은 햇빛을 포함한 강한 광선, 높은 온도 그리고 심한 진동이다. 우수한 품질의 레드 와인을 몇 년이고 보관하여 숙성된 맛을 즐기려면 위와 같은 점에 세심한 대책을 세우고 저장해야 한다.

햇빛이 없고 진동이 없는 장소의 선택은 어렵지 않지만, 이상적인 온도로 저장한다는 것이 어려운 점이다. 이상적인 온도는 10~15℃ 정도인데, 이 온도는 특별한 장치가 되어있지 않으면 지속시킬 수가 없다. 그러나 전문가의 의견에 의하면 20℃에서 보관해도 온도의 변화가 심하지만 않다면 몇 년 정도는 문제없다고 한다. 일반적으로 식품의 저장에서, 온도의 높고 낮음보다 심한 온도의 변화가 훨씬 식품의 수명을 단축시킨다. 이런 정도라면 보통 가정의 지하실이나, 에어컨이 잘 된 집이라면 별로 문제가 없다. 그렇지만 호텔 레스토랑이나 일류 레스토랑에서 와인을 보관하는 곳은 냉장고를 갖추고 있어야 한다. 프랑스의 전통 있는 포도원은 지하실을 보유하고 있는데, 와인 병 표면에 두터운 먼지가 쌓이고 곰팡이가 낄 정도로 어둡고 서늘한 곳에서 와인을 보관하고 있다.

가끔 식사를 하면서 와인을 마시는 경우라면 한두 병 여유를 갖고 있으면 되니까 보관에 신경을 쓸 필요가 없다. 그러나 평소 와인에 대해서 깊은 관심이 있고 식사에 따라 와인을 고를 정도의 수준이 된다면 와인을 여러 병 구입해서 보관해야 하고, 취미로 와인을 수집하는 경우에는 와인의 저장법에 관심을 갖고 있어야 한다.

와인의 감정과 평가

와인을 마시는 것과 감정하는 것을 혼동하는 사람이 많다. 와인을 마실 때는 자기 자신의 즐거움을 위해서이고, 와인을 감정한다는 것은 와인을 객관적인 입장에서 평가하는 것이다.

와인을 시각적, 미각적, 후각적으로 검사하고 분석하여 느낀 점을 명확한 언어로 표현하고 판단하는 것이므로 와인을 감정하는 행위는 지켜야 할 것도 많고, 엄격한 분위기에서 행해지는 분석적인 업무이다. 그런데 즐겁게 마셔야 할 사람들이 와인을 평가하는 기준을 적용시켜 "와인이란 이렇게 마시는 법이다"라고 못을 박는 경우가 있다. 마실 때는 무엇보다도 즐거운 분위기에서 부담 없이 마시는 것이 최고이다.

와인 감정의 전제조건은 먼저 와인을 많이 마셔보고 그 맛이나 향에 익숙해지는 것이다. 그러니까 초보자는 와인을 감정하기 이전에 먼저 와인의 맛과 향에 익숙해지도록 와인을 많이 마셔보고, 나름대로의 판단력을 가져야 한다.

이름 있는 와인 생산지방에서는 와인 감정가의 판단을 기초로 와인이 거래되며, 항상 그 수준을 일정하게 유지시키고 있다. 이러한 감정가들은 기초지식을 습득한 후, 피나는 노력에 의해서 훈련된 사람으로, 상업적인 표준을 설정하는 데 큰 도움을 주고 있다. 이렇게 와인을 감정하는 일은 상당한 기초지식 위에 철저한 자기관리와 꾸준한 연습에 의해서 이루어지는 독특한 분야의 업무이다.

와인 감정에 필요한 요소

와인에는 아름다운 색깔과 여러 가지 맛과 향기가 들어있다. 먼저 외관(Appearance), 즉 색깔과 투명도 등을 살펴보고 정상적인 와인인지 아닌지 조심스럽게 판단한다. 와인은 조금도 혼탁하지 않고 투명하게 빛나야 하므로, 혼탁이 생기거나 색깔이 정상이 아니면 조심스럽게 판단해야 한다. 색깔로 어느 정도 와인의 맛과 숙성도 등을 유추할 수 있으므로, 시각은 와인감정의 준비과정이라 할 수 있다.

다음은 향미(Flavor), 즉 향과 맛을 살피는데, 이때에는 잔을 흔들어 후각에 미치는 영향을 크게 한 다음 향을 맡아본다. 코가 식별할 수 있는 향기는 혀가 맡을 수 있는 맛보다 몇 십 배 세밀하기 때문에 이 향기를 맡는다는 것은 와인을 감상하는 데 가장 중요한 역할을 한다. 낮은 품질의 와인일수록 향기가 평범하고 약하며, 좋은 와인일수록 복합적인 향기가 오래 지속된다. 와인의 품질은 이 후각으로 결정될 만큼 가장 중요하다고 할 수 있다. 그리고 와인을 마시면 입안에서는 미각으로 와인을 느끼지만, 그것은 바로 후각과 함께 합쳐져서 복합적인 맛을 느낄 수 있게 하기 때문에 맛이란 표현보다는 '향미'라는 표현이 더 자주 사용된다.

와인을 입에 넣었을 때 느끼는 맛은 복합적인 것이므로 각 성분의 특성과 비율에 따라서 그 차이가 생긴다. 포도의 종류와 생산지 및 생산년도에 따라 맛이 다르고, 만드는 사람에 따라 맛이 틀리니, 와인의 맛을 완전히 체득하는 것에는 시간이

걸리고 오랜 경험과 노력이 필요하다.

마지막으로 질감(Touch)은 온도, 점도, 알코올 농도 등을 표현하는 것이다. 알코올의 화끈한 맛, 탈수작용, 타닌의 쓴맛 그리고 입안의 부드러운 감촉 등은 단맛, 신맛, 짠맛, 쓴맛과는 다르게 느끼는 감각이다. 와인에 섞여 있는 입자가 입에 들어가면 감촉을 느끼게 되며 그것을 감지하는 것을 배우게 된다. 탄산가스의 느낌도 감촉이며, 타닌에 의한 떫은맛은 근육조직의 반응이다.

와인 감정의 실제

와인을 감정하기 좋은 시간은 가장 식욕을 느낄 때인 늦은 아침이다. 감정 장소는 조명이 잘 되고 외부와 차단된 곳, 특히 나쁜 냄새가 나지 않는 곳이라야 한다.

①와인글라스를 하얀 바탕의 종이나 벽에 대고 색깔을 살피고 판단한다.

②와인글라스를 흔든 다음 코에 갖다 대고 냄새를 맡는다. 너무 오래 맡으면 감각이 둔해지므로 처음 느꼈던 냄새와 중간에 변해가는 냄새를 비교하면서 판단해야 한다.

③약간의 와인을 입에 담고 혀로 돌리면서 골고루 맛을 본다. 이때는 혓바닥의 맛과 코로 느끼는 냄새의 맛을 한꺼번에 느껴야 한다.

④입안에 있던 와인을 뱉어버리고, 입안에 남아 있는 뒷맛을 확인한다. 한 종류의 와인만 맛본다면 입에 있던 와인을 뱉

을 필요는 없지만, 다음에 또 맛볼 와인이 있으면 뱉어 낸 다음 입을 물로 씻어내야 한다. 삼키면 몸 안에서 와인이 증발하여 그 냄새가 남게 되고, 많은 양이 쌓이게 되면 감각이 둔해진다.

⑤채점은 '좋음'에서 '나쁨'의 단계를 몇 개로 나누어 한꺼번에 와인을 평가하기도 하지만, 전문적인 단계는 색깔, 맛, 향 세 가지로 분류하여 따로따로 채점을 한다.

⑥어떤 한 와인의 감정이 끝나고 다음 와인을 감정할 때까지는, 적어도 2분 정도 여유를 두고 후각이 정상화된 다음 감정한다.

와인과 건강

> 이제부터는 물만 마시지 말고 네 비위와 자주 나는 병을
> 인하여 포도주를 조금씩 쓰라.
> —디모데 전서 5:23

와인은 포도로 만들며, 포도 이외의 원료는 거의 들어가지 않는다. 물론 효모나, 기후조건이 맞지 않는 곳에서는 설탕을 넣기도 하지만, 와인의 성분은 포도 그 자체의 성분이 미생물의 작용으로 변한 것뿐이다. 와인 한 병(750㎖)을 만드는 데 들어가는 포도의 양은 1.0~1.2kg이므로 와인 한 병을 마시는 것은 포도 1.0~1.2kg을 먹는 것과 같다.

그렇지만 와인은 발효과정을 거치는 동안 포도의 성분이 거의 다른 물질로 변하여 포도의 성분과는 다르지만, 알코올과 수분 그 외 비타민과 무기질 성분 등 어느 종류의 술보다도 영양적인 성분을 많이 가지고 있다. 그러나 모든 술이 그렇듯이 적당량을 마셔야 건강에 좋은 것은 말할 것도 없다. 위에 언급한 성경구절을 보더라도 "조금씩 쓰라"는 구절에 주목할 필요가 있다. 와인은 취하기 위해서 마시는 술이 아니고 식사와 함께하는, 식사를 돕는 술이다. 와인과 식사를 같이하면 입맛을 돋우고 분위기가 즐거워지며 식사 후 소화도 잘 된다. 저녁식사 후라면 취침시간에 깊은 잠을 잘 수 있다.

프렌치 패러독스

1979년 몇 사람의 학자들이 허혈성 심장병에 대한 역학조사를 발표하였는데, 18개 선진국의 55~64세의 사람들을 표본으로 조사한 결과, 심장병 사망률과 국민소득, 의사와 간호사의 비율, 지방 섭취량 등은 별 관계가 없는 반면 알코올 소비량, 특히 와인 소비량이 많은 나라일수록 심장병에 의한 사망률이 낮다는 점이 밝혀졌다. 이렇게 상식적으로 상반된 결과가 나왔기 때문에 이 현상을 일컬어 프렌치 패러독스French paradox라고 한다. 적당량의 알코올은 HDL의 양을 늘리기 때문에 동맥경화증의 위험이 줄어들며, 와인은 일반 알코올보다 그 효과가 두 배 정도 뛰어난 것으로 밝혀진 것이다.

와인만이 가지고 있는 이 독특한 작용은 와인에서 붉은 색깔과 쌉쌀하고 텁텁한 맛을 주면서, 와인을 맑게 만드는 폴리페놀Poly phenol이란 물질 때문이다. 폴리페놀에는 여러 가지가 있지만 가장 활동력이 좋은 것은 카테킨, 케르세틴, 에피카테킨, 레스베라트롤, 타닌 등으로 포도의 껍질과 씨에 많이 들어 있다. 또한 이것들은 오크통에서 숙성할 때 오크통에서도 우러나오므로 껍질과 씨를 함께 발효시키고, 오크통에서 숙성시킨 레드 와인에 많이 들어있다. 레드 와인을 화이트 와인에 비해 오랜 기간 보관할 수 있는 까닭도 바로 이 페놀 화합물이라는 성분에 있다.

이 폴리페놀은 와인에만 들어있는 것은 아니다. 대체로 색깔이 진하고 쓴맛과 떫은맛을 지닌 과일이나 채소에 많이 들어있다. 그러나 와인은 알코올과 항산화제를 둘 다 가지고 있기 때문에 알코올이 분해되면서 한 번 작용한 폴리페놀을 다시 환원시키므로 그 작용이 지속적이다. 이러한 특성은 와인만이 가지고 있는 것으로, 다른 알코올 음료나 과일, 채소류와는 비교할 수 없는 가치를 가지고 있다 할 수 있다.

진정 및 항우울 작용

와인은 긴장과 걱정에 대한 온화한 진정작용을 하며, 인간관계를 개선하고 대화하는 능력을 향상시킨다. 이 작용이 낮은 혈중 알코올 농도에서도 상당 기간 유지된다는 것은 많은 실험에 의해서 확립된 바 있다. 물론 이 작용은 와인의 알코올에서도 나오지만, 와인은 같은 농도의 알코올에 비해 작용이

느리고 오래 지속된다. 실험에 의하면 한 잔의 와인은 긴장도를 35% 감소시키는 것으로 밝혀졌다.

피부미용에 대한 효과

요즈음에는 황산화제를 주체로 하는 화장품이 많이 나오고 있다. 포도 씨 추출물 등 여러 가지 물질이 사용되고 있지만, 화장품의 효력으로서 가장 중요한 피부 투과성이 확실하게 증명된 것은 아니다. 정기적으로 와인을 마시는 것이 보다 더 확실한 방법이다. 그리고 와인의 폴리페놀은 멜라닌 형성을 방해하여 기미, 주근깨 등 형성방지에도 효과가 있는 것으로 밝혀졌다.

노년층을 위한 효과

최근 보고에 의하면, 파킨슨씨병, 치매(알츠하이머), 통풍, 류마티즘, 백내장 등 노년의 퇴행성 질환의 원인이 프리 라디칼의 공격 때문이라고 한다. 항산화제인 와인을 섭취하면, 항산화제가 프리 라디칼을 흡착하기 때문에 효과를 얻을 수 있다. 와인은 칼슘을 비롯한 무기질이 풍부하고, 음식에 있는 무기질의 흡수를 돕기 때문에, 식사와 함께하는 와인은 칼슘의 가장 좋은 공급원이자 보조제라 할 수 있다.

서양에서 일반 의사들이 '와인은 노인의 간호사'라고 말하듯이, 와인은 노인들에게 가장 효과가 크다. 육체적인 질병의 예방은 물론 주변의 소외감, 인생에 대한 허무감 등으로 쌓인

스트레스를 해소하게 해 주기 때문이다. 와인 한 잔은 온화한 진정작용을 함으로써 수면제의 표면적인 수면효과와 비교되지 않는 효과를 발휘한다.

와인의 건강에 대한 효과

인간은 인체 스스로가 주 역할을 하고, 약은 보조역할을 함으로써 질병을 치료한다. 육체와 정신 양면에서 인체의 대사를 도와주는 와인의 효과는 매우 크다고 할 수 있다. 또 정신적인 면에서 와인은 사람의 기분을 좋은 상태로 오래 지속시켜 주기 때문에 현대인의 만병의 근원인 스트레스에 대한 저항력 역시 매우 높여준다고 할 수 있으므로, 와인이 건강식품인 것은 확실하다.

요약하면, 젊었을 때부터 와인을 마신 사람은 날마다 식사와 함께 와인을 들면서 인생을 즐기고 건강하게 오래 살 수 있으므로, 자신도 모르게 혜택을 받는 축복을 누릴 수 있다는 것이다.

글을 마치며

와인은 그냥 마시는 술이라기보다는 알면서 마시는 술이라고 할 수 있다. '아는 만큼 보인다'는 말이 있듯이 와인을 잘 알수록 그 즐거움이 더 커진다. 아무런 지식도 없이 음악이나 미술을 감상한다고 해서 안 될 것은 없지만, 그 작품을 만든 사람과 그 배경에 대해서 잘 안다면 그것을 감상하는 즐거움은 훨씬 더 커지기 마련이다. 그리고 와인은 세계 여러 나라 각 지방에서 수십만 가지가 생산되고 있어서, 이렇듯 많은 와인 중에서 한 병을 손에 들고 이것이 어떤 맛이며, 어떤 지역에서 만들어졌는지 알기란 쉽지 않기 때문에 공부가 필요하며, 공부를 하다보면 세계 각국의 역사와 지리 문화도 익히게 된다.

국민소득이 올라가고, 여가생활로서 동호회 등 취미생활이나 사교적인 모임이 많아지면서 사교의 술로 서서히 고개를 내미는 것이 와인이다. 서양 술의 원조에 해당하는 와인이 뒤늦게 우리에게 다가온 이유는, 와인은 그 무대가 갖춰져야 자리를 잡기 때문이다. 즉, 사람과 사람이 모이고 이야기해 가면서 건전하고 여유 있는 생활이 조성되어야 한다는 것이다. 우리나라 사람의 음주량은 다른 나라의 것에 비하면 많은 것은 아니다. 워낙 술을 요란스럽게 마시고 그 뒤끝이 시끄럽게 오래 가기 때문에 많이 마시는 것같이 보일 뿐이다. 음주문화가 성숙하고 건전하게 발달된 나라일수록 와인 소비량이 많다는 사실이 이를 뒷받침한다. 그리고 와인은 마시는 분위기나 방법으로 보아 취하도록 마시는 술도 아니고, 식사와 함께 서서히 마시는 술이기 때문에 우리나라 음주문화를 개선할 수 있는 최선의 술이 될 수 있을 것이다.

플라톤은 와인을 '신이 인간에게 준 최고의 선물'이라고 하였고, 벤자민 프랭클린은 '와인이 있다는 것은 신이 인간을 사랑하고 인간에게 행복이 있기를 바라는 증거'라고 말했다. 좋은 와인과 맛있는 음식을 준비해 놓고 좋아하는 사람과 함께 한다면 그 이상의 행복이 어디 있을까? 와인은 무엇보다도 우리에게 행복과 즐거움을 주어야 한다.

식탁의 와인만큼 대화를 도와주는 것이 있을까? 와인에 대한 지식은 문화의 일부분으로 예술, 음악, 문학과 마찬가지이다. 와인은 세상에서 가장 문화적인 것으로 완벽한 자연의 산물이며, 다른 어느 것보다 커다란 즐거움과 감흥을 불러일으킨다.

— 헤밍웨이

와인, 어떻게 즐길까

펴낸날	초판 1쇄 2006년 10월 25일
	초판 11쇄 2015년 12월 11일

지은이	김준철
펴낸이	심만수
펴낸곳	(주)살림출판사
출판등록	1989년 11월 1일 제9-210호

주소	경기도 파주시 광인사길 30
전화	031-955-1350 팩스 031-624-1356
기획·편집	031-955-4671
홈페이지	http://www.sallimbooks.com
이메일	book@sallimbooks.com

ISBN	978-89-522-0573-5 04080

※ 값은 뒤표지에 있습니다.
※ 잘못 만들어진 책은 구입하신 서점에서 바꾸어 드립니다.

함께 읽으면 좋은 책

역사·문명

085 책과 세계

강유원(철학자)

책이라는 텍스트는 본래 세계라는 맥락에서 생겨났다. 인류가 남긴 고전의 중요성은 바로 우리가 가 볼 수 없는 세계를 글자라는 매개를 통해서 우리에게 생생하게 전해 주는 것이다. 이 책은 역사라는 시간과 지상이라고 하는 공간 속에 나타났던 텍스트를 통해 고전에 담겨진 사회와 사상을 드러내려 한다.

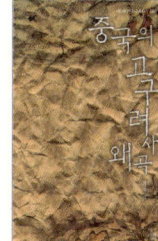

056 중국의 고구려사 왜곡 `eBook`

최광식(고려대 한국사학과 교수)

중국의 고구려사 왜곡의 숨은 의도와 논리, 그리고 우리의 대응 방안을 다뤘다. 저자는 동북공정이 국가 차원에서 진행되는 정치적 프로젝트임을 치밀하게 증언한다. 경제적 목적과 영토 확장의 이해관계 등이 복잡하게 얽혀 있는 동북공정의 진정한 배경에 대한 설명, 고구려의 역사적 정체성에 대한 문제, 고구려사 왜곡에 대한 우리의 대처방법 등이 소개된다.

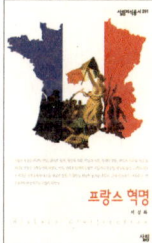

291 프랑스 혁명 `eBook`

서정복(충남대 사학과 교수)

프랑스 혁명은 시민혁명의 모델이자 근대 시민국가 탄생의 상징이지만, 그 실상을 아는 사람은 많지 않다. 프랑스 혁명이 바스티유 습격 이전에 이미 시작되었으며, 자유와 평등 그리고 공화정의 꽃을 피기 위해 너무 많은 피를 흘렸고, 혁명의 과정에서 해방과 공포가 엇갈리고 있었다는 등의 이야기를 통해 프랑스 혁명의 실상을 소개한다.

139 신용하 교수의 독도 이야기 `eBook`

신용하(백범학술원 원장)

사학계의 원로이자 독도 관련 연구의 대가인 신용하 교수가 일본의 독도 영토 편입문제를 걱정하며 일반 독자가 읽기 쉽게 쓴 책. 저자는 역사적으로나 국제법상으로 실효적 점유상으로나, 어느 측면에서 보아도 독도는 명백하게 우리 땅이라고 주장하며 여러 가지 역사적인 자료를 제시한다.

역사 · 문명

144 페르시아 문화

eBook

신규섭(한국외대 연구교수)

인류 최초 문명의 뿌리에서 뻗어 나와 아랍을 넘어 중국, 인도와 파키스탄, 심지어 그리스에까지 흔적을 남긴 페르시아 문화에 대한 개론서. 이 책은 오랫동안 베일에 가려 있던 페르시아 문명을 소개하여 이슬람에 대한 편견과 오해를 바로 잡는다. 이태백이 이란계였다는 사실, 돈황과 서역, 이란의 현대 문화 등이 서술된다.

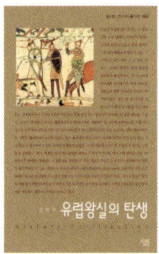

086 유럽왕실의 탄생

김현수(단국대 역사학과 교수)

인류에게 '예술과 문명' 그리고 '근대와 국가'라는 개념을 선사한 유럽왕실. 유럽왕실의 탄생배경과 그 정체성은 무엇인가? 이 책은 게르만의 한 종족인 프랑크족과 메로빙거 왕조, 프랑스의 카페 왕조, 독일의 작센 왕조, 잉글랜드의 웨섹스 왕조 등 수많은 왕조의 출현과 쇠퇴를 통해 유럽 역사의 변천을 소개한다.

016 이슬람 문화

이희수(한양대 문화인류학과 교수)

이슬람교와 무슬림의 삶, 테러와 팔레스타인 문제 등 이슬람 문화 전반을 다룬 책. 저자는 그들의 멋과 가치관을 흥미롭게 설명하면서 한편으로 오해와 편견에 사로잡혀 있던 시각의 일대 전환을 요구한다. 이슬람교와 기독교의 관계, 무슬림의 삶과 낭만, 이슬람 원리주의와 지하드의 실상, 팔레스타인 분할 과정 등의 내용이 소개된다.

100 여행 이야기

eBook

이진홍(한국외대 강사)

이 책은 여행의 본질 위를 '길거리의 철학자'처럼 편안하게 소요한다. 먼저 여행의 역사를 더듬어 봄으로써 여행이 어떻게 인류 역사의 형성과 같이해 왔는지를 생각하고, 다음으로 여행의 사회학적 · 심리학적 의미를 추적함으로써 여행에 어떤 의미를 부여할 것인가에 대해 말한다. 또한 우리의 내면과 여행의 관계 정의를 시도한다.

역사·문명

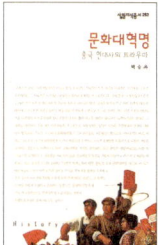

293 문화대혁명 중국 현대사의 트라우마
eBook

백승욱(중앙대 사회학과 교수)

중국의 문화대혁명은 한두 줄의 정부 공식 입장을 통해 정리될 수 없는 중대한 사건이다. 20세기 중국의 모든 모순은 사실 문화대혁명 시기에 집약되어 있다고 해도 과언이 아니다. 사회주의 시기의 국가·당·대중의 모순이라는 문제의 복판에서 문화대혁명을 다시 읽을 필요가 있는 지금, 이 책은 문화대혁명에 대한 안내자가 될 것이다.

174 정치의 원형을 찾아서
eBook

최자영(부산외국어대학교 HK교수)

인류가 걸어온 모든 정치체제들을 매우 짧은 기간 동안 시험하고 정비한 나라, 그리스. 이 책은 과두정, 민주정, 참주정 등 고대 그리스의 정치사를 추적하고, 정치가들의 파란만장한 일화 등을 소개하고 있다. 특히 이 책의 저자는 아테네인들이 추구했던 정치방법이 오늘 우리 사회가 당면한 문제를 해결할 수 있는 지혜의 발견에 도움을 줄 수 있을 것이라고 말한다.

420 위대한 도서관 건축순례
eBook

최정태(부산대학교 명예교수)

이 책은 도서관의 건축을 중심으로 다룬 일종의 기행문이다. 고대 도서관에서부터 21세기에 완공된 최첨단 도서관까지, 필자는 가능한 많은 도서관을 직접 찾아보려고 애썼다. 미처 방문하지 못한 도서관에 대해서는 문헌과 그림 등 가능한 많은 정보를 수집하려 노력했다. 필자의 단상들을 함께 읽는 동안 우리 사회에서 도서관이 차지하는 의미에 대해 다시 생각하게 된다.

421 아름다운 도서관 오디세이
eBook

최정태(부산대학교 명예교수)

이 책은 문헌정보학과에서 자료 조직을 공부하고 평생을 도서관에 몸담았던 한 도서관 애찬가의 고백이다. 필자는 퇴임 후 지금까지 도서관을 돌아다니면서 직접 보고 배운 것이 40여 년 동안 강단과 현장에서 보고 얻은 이야기보다 훨씬 많았다고 말한다. '세계 도서관 여행 가이드'라 불러도 손색없을 만큼 풍부하고 다채로운 내용이 이 한 권에 담겼다.

역사·문명

eBook 표시가 되어있는 도서는 전자책으로 구매가 가능합니다.

- 016 이슬람 문화 | 이희수
- 017 살롱문화 | 서정복 eBook
- 020 문신의 역사 | 조현설 eBook
- 038 헬레니즘 | 윤진 eBook
- 056 중국의 고구려사 왜곡 | 최광식 eBook
- 085 책과 세계 | 강유원
- 086 유럽왕실의 탄생 | 김현수
- 087 박물관의 탄생 | 전진성 eBook
- 088 절대왕정의 탄생 | 임승휘 eBook
- 100 여행 이야기 | 이진홍 eBook
- 101 아테네 | 장영란 eBook
- 102 로마 | 한형곤 eBook
- 103 이스탄불 | 이희수 eBook
- 104 예루살렘 | 최창모
- 105 상트 페테르부르크 | 방일권
- 106 하이델베르크 | 곽병휴
- 107 파리 | 김복래 eBook
- 108 바르샤바 | 최건영
- 109 부에노스아이레스 | 고부안 eBook
- 110 멕시코 시티 | 정혜주 eBook
- 111 나이로비 | 양철준 eBook
- 112 고대 올림픽의 세계 | 김복희 eBook
- 113 종교와 스포츠 | 이창익
- 115 그리스 문명 | 최혜영
- 116 그리스와 로마 | 김덕수
- 117 알렉산드로스 | 조현미
- 138 세계지도의 역사와 한반도의 발견 | 김상근 eBook
- 139 신용하 교수의 독도 이야기 | 신용하
- 140 간도는 누구의 땅인가 | 이성환 eBook
- 143 바로크 | 신정아
- 144 페르시아 문화 | 신규섭 eBook
- 150 모던 걸, 여우 목도리를 버려라 | 김주리
- 151 누가 하이카라 여성을 데리고 사누 | 김미지
- 152 스위트 홈의 기원 | 백지혜 eBook
- 153 대중적 감수성의 탄생 | 강심호 eBook
- 154 에로 그로 넌센스 | 소래섭 eBook
- 155 소리가 만들어낸 근대의 풍경 | 이승원
- 156 서울은 어떻게 계획되었는가 | 염복규
- 157 부엌의 문화사 | 함한희
- 171 프랑크푸르트 | 이기식 eBook
- 172 바그다드 | 이동은 eBook
- 173 아테네인, 스파르타인 | 윤진
- 174 정치의 원형을 찾아서 | 최자영
- 175 소르본 대학 | 서정복 eBook
- 187 일본의 서양문화 수용사 | 정하미
- 188 번역과 일본의 근대 | 최경옥
- 189 전쟁국가 일본 | 이성환 eBook
- 191 일본 누드 문화사 | 최유경
- 192 주신구라 | 이준섭
- 193 일본의 신사 | 박규태
- 220 십자군, 성전과 약탈의 역사 | 진원숙
- 239 프라하 | 김규진 eBook
- 240 부다페스트 | 김성진 eBook
- 241 보스턴 | 황선희
- 242 돈황 | 전인초 eBook
- 249 서양 무기의 역사 | 이내주
- 250 백화점의 문화사 | 김인호
- 251 초콜릿 이야기 | 정한진
- 252 향신료 이야기 | 정한진
- 259 와인의 문화사 | 고형욱
- 269 이라크의 역사 | 공일주
- 283 초기 기독교 이야기 | 진원숙
- 285 비잔틴제국 | 진원숙 eBook
- 286 오스만제국 | 진원숙
- 291 프랑스 혁명 | 서정복 eBook
- 292 메이지유신 | 장인성
- 293 문화대혁명 | 백승욱
- 294 기생 이야기 | 신현규 eBook
- 295 에베레스트 | 김법모 eBook
- 296 빈 | 인성기
- 297 발트3국 | 서진석 eBook
- 298 아일랜드 | 한일동
- 308 홍차 이야기 | 정은희 eBook
- 317 대학의 역사 | 이광주
- 318 이슬람의 탄생 | 진원숙
- 335 고대 페르시아의 역사 | 유흥태
- 336 이란의 역사 | 유흥태
- 337 에스파한 | 유흥태
- 342 다방과 카페, 모던보이의 아지트 | 장유정
- 343 역사 속의 채식인 | 이광조
- 371 대공황 시대 | 양동휴 eBook
- 420 위대한 도서관 건축순례 | 최정태 eBook
- 421 아름다운 도서관 오디세이 | 최정태
- 423 서양 건축과 실내 디자인의 역사 | 천진희 eBook
- 424 서양 가구의 역사 | 공혜원 eBook
- 437 알렉산드리아 비블리오테카 | 남태우 eBook
- 439 전통 명품의 보고, 규장각 | 신병주 eBook
- 443 국제난민 이야기 | 김철민 eBook
- 462 장군 이순신 | 도현신 eBook
- 463 전쟁의 심리학 | 이윤규 eBook
- 466 한국무기의 역사 | 이내주 eBook
- 486 대한민국 대통령들의 한국경제 이야기1 | 이장규 eBook
- 487 대한민국 대통령들의 한국경제 이야기2 | 이장규 eBook
- 490 역사를 움직인 중국 여성들 | 이양자 eBook
- 493 이승만 평전 | 이주영 eBook
- 494 미군정시대 이야기 | 차상철 eBook
- 495 한국전쟁사 | 이희진 eBook
- 496 정전협정 | 조성훈 eBook
- 497 북한 대남침투도발사 | 이윤규 eBook
- 510 요하 문명(근간)
- 511 고조선왕조실록(근간)
- 512 고구려왕조실록 1(근간)
- 513 고구려왕조실록 2(근간)
- 514 백제왕조실록 1(근간)
- 515 백제왕조실록 2(근간)
- 516 신라왕조실록 1(근간)
- 517 신라왕조실록 2(근간)
- 518 신라왕조실록 3(근간)
- 519 가야왕조실록(근간)
- 520 발해왕조실록(근간)
- 521 고려왕조실록 1(근간)
- 522 고려왕조실록 2(근간)
- 523 조선왕조실록 1 | 이성무 eBook
- 524 조선왕조실록 2 | 이성무 eBook
- 525 조선왕조실록 3 | 이성무 eBook
- 526 조선왕조실록 4 | 이성무 eBook
- 527 조선왕조실록 5 | 이성무 eBook
- 528 조선왕조실록 6 | 편집부 eBook

㈜**살림출판사**

www.sallimbooks.com
주소 경기도 파주시 문발동 522–1 | 전화 031-955-1350 | 팩스 031-955-1355